選手

PROLOGUE

그래도 결국 살라인 이유
You'll Never Walk Alone

유독 길었던 리버풀의 암흑기 시절, 리버풀 팬들은 여러 이유로 상처받았다. 구단의 부진한 성적, 답답한 경기력이 주된 이유이긴 했지만, 상처에 소금 뿌리는 일부 선수들은 더 문제였다. 하비에르 마스체라노, 페르난도 토레스, 루이스 수아레스, 필리피 쿠티뉴. 이름만 보아도 알 수 있듯 이들은 리버풀을 떠나는 과정에서 마찰을 빚은 선수들이다. 당시 무너져 가는 팀을 바라보며 슬퍼하던 리버풀 팬들은 설상가상 기대를 저버리고 떠난 선수들로 인해 많은 아픔을 겪었다.

하비에르 마스체라노는 암흑기의 초입인 2010년 여름, 바르셀로나로 이적하고 싶어 리버풀의 리그 경기 출전을 거부한 채 항명했다. 결국 그는 2010년 8월 28일 바르셀로나로 떠났다. 인터뷰를 통해 리버풀에 대한 애정을 드러내던 토레스는 2011년 겨울 이적시장 마지막 날이 되자 갑자기 헬기를 타고 런던으로 이동해 첼시와의 계약에 서명했다. 케니 달글리시의 감독 부임 후 후반기 반등을 노리던 리버풀 입장에서는 청천벽력 같은 소식이었다. 2013년 여름, 루이스 수아레스는 기자들을 불러 모은 뒤 "나는 아스날로 이적하고 싶다", "나를 잡으려는 구단의 태도는 옳지 않다"는 공개 선언을 하며 어떻게든 리버풀을 떠나려고 하는 의지를 보였다. 물론 이후 1년 잔류를 선택한 뒤 최고의 활약을 펼치고 바르셀로나로 이적했지만, 팬들에게는 씁쓸한 감정을 가득 안긴 시기였다. 쿠티뉴는 리버풀 구단의 NFS^{Not For Sale} 선언을 뒤로한 채 이적 요청서를 제출했다. 이 시기 소속 팀에선 등 부상을 이유로 경기를 빠졌는데, 바로 이어진 브라질 대표팀 경기에서는 멀쩡히 경기를 뛰는 모습을 보여주며 실망을 안긴 바 있다. 이들은 한동안 리버풀 팬들에게 많은 응원과 사랑을 받았던 선수다. 길게 이어진 암흑기 동안 팬들은 이들이 중심을 잡아줄 것을 기대했다. 이들을 기반으로 조금만 더 가다듬으면 암흑기를 탈출하고 다시 챔피언스리그에 올라갈 수 있을 거라 믿었다. 하지만 리버풀에 희망의 기운이 싹틀 때마다 핵심 선수들은 차례차례 팀을 떠나는 악순환이 반복됐다.

그럴 때마다 리버풀은 다시 암흑기의 늪으로 빠졌다.
리그 준우승을 차지한 수아레스의 마지막 시즌(2013-14)과
수아레스가 떠난 뒤 6위로 떨어진 다음 시즌(2014-15)의
차이가 대표적이다.
리버풀에서 활약한 선수는 얼마 안 가 팀을 떠나는 흐름이
이어졌다. 이젠 팬들도 새로 영입되는 선수들, 활약이 터진
선수에게 기대보다 의구심을 먼저 가질 수밖에 없었다.
'저 선수도 얼마 안 가 팀을 떠나겠지', '결국은 리버풀을
거쳐 가는 팀 정도로 여기겠지'라는 의심과 걱정이 이어졌다.
하지만 이 흐름을 완벽히 끊어낸 선수가 등장하면서 리버풀
팬들은 선수에 대한 믿음도, 성적에 대한 기대도 회복할 수
있었다. 그 주인공이 모하메드 살라다.

살라는 리버풀에 처음 입성한 2017-18시즌부터 맹활약을
펼쳤다. 그는 리버풀 입단 후 첫 50경기에서 가장 많은 골을
넣은 선수로 등극하면서 강렬한 임팩트를 남겼다. 앞서 언급한
선수들보다도 훌륭했던 활약상이다. 하지만 살라는 자신의
가치가 최정점에 올랐던 2018년 여름에 리버풀과 5년
재계약을 체결했다. 이는 살라의 구단 잔류 의사가 매우 큼을
알려준 소식임과 동시에 핵심 선수의 이탈로 인해 반복됐던
암흑기가 확실히 끝났음을 알려준 일이었다.
그 밖에도 살라는 가족들을 머지사이드에 정착시켜 지역의
생활권과 문화에 확실히 녹아들었고 리버풀에서의 오랜 시간
활약으로 잉글랜드 내 아랍인에 대한 인식 변화를 주도했다.
결국 살라는 리버풀 소속으로 월드 클래스로의 성장과
선수로서의 전성기, 결국은 이집트와 아프리카를 빛낸
세계적인 스타로 발돋움했다. 동시에 리버풀의 전성기를
주도하며 프리미어리그, 챔피언스리그를 비롯한 각종 트로피를
거머쥐었다.
암흑기 때 팀을 떠난 리버풀 선수들은 당장 우승할 수 있는
팀을 쫓아 이적을 결심했다. 그때의 리버풀은 분명 우승권과는
매우 거리가 있었다. 선수로서 자기 경력을 위해 더 큰 팀,
더 나은 팀을 찾아 떠나는 것은 합리적인 선택이었다. 하지만
살라는 자신의 전성기를 리버풀과 함께하기로 마음먹었고,

실제로 엄청난 활약을 선보이며 리버풀의 전성기를 주도했다.
살라는 구단의 위치가 애매했던 순간에도 리버풀을
선택해주고, 본인의 힘으로 암흑기를 끝내준 영웅과도
같은 선수다.
물론 2022년 들어 재계약과 관련된 크고 작은 이슈도
있었지만, 살라의 최종적인 선택은 리버풀 잔류였고
다른 팀의 월드 클래스 자원들과 비교해 여전히 적은 주급
조건에도 계약 연장에 동의했다. 결국 살라는 리버풀과
함께 걷기로 결정한 것이다.

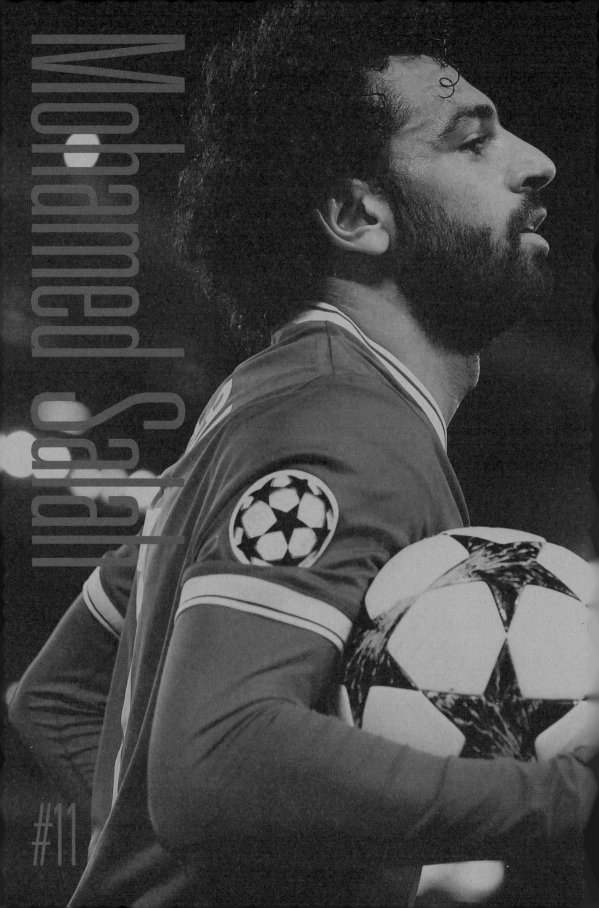

TIMELINE

TEAM TITLES

AWARDS

CONTENTS

Egypt Messi

메시가 축구계에 나타난 이후 수많은 메시들이 나타났다.

제2의 메시 유럽의 메시 아시아의 메시

수많은 유망주들이 '제2의 메시'라 불렸지만,

그 누구도 기대를 충족하지 못하고 잊혀져 갔다.

하지만, 이집트의 나그리그에서 태어난 이집트 메시는 무언가 달랐다.

축구 중독자인 이집트 메시는 자신만의 축구를 보여주기 시작했다.

"
팀 동료 대부분은 이집트 리그 상위 팀인
자말레크나 알 무카윌룬 1군 팀에서 뛰는 게 목표였다.
하지만 살라는 달랐다.
팀에서 유일하게 이집트 무대를 넘어
더 큰 무대에서 뛰고 싶어하는 열망이 있었다.

아마드 사드 알 무카윌룬 U16 팀 동료

01

'축구 중독자'
살라

살라는 이집트 수도 카이로에서 130km 떨어진 나그리그 마을에서 태어났다.
'축구 중독자'라 불리며 축구공을 늘 발에 붙이고 살았던 그의 축구 실력은
나그리그 내에서 월등했다고 한다. 그는 이곳에서 자신의 우상인 호나우두와
지네딘 지단, 프란체스코 토티, 호나우지뉴의 플레이를 따라하며 축구 선수의 꿈을
키웠다. 살라의 우상들이 UEFA 챔피언스리그에서 보여준 공격적인 플레이가 훗날
살라의 공격 재능에 영향을 준 듯 보인다.

아들의 재능을 일찍 알아차린 살라의 아버지는 12살이 되던 해, 나그리그의
이티하드 바스윤 팀에 그를 합류시켰다. 그리고 이곳에서 카이로 연고의
알 무카윌룬으로 이적할 수 있는 기회를 잡게 된다. 2005년, 레다 엘 말라
스카우터가 나그리그 마을을 찾았다. 당시 엘 말라는 '셰리프'라는 이름의 다른
선수를 알 무카윌룬의 위성 구단인 오스마손 탄타로 데려가려고 싶어했다. 그래서
기량 점검 차 동네 아이들에게 셰리프를 상대로 축구 경기를 뛰어달라고 부탁했다.
그런데 셰리프를 상대하는 어린 선수들 중 또 다른 재능이 스카우터의 눈에
들어왔다. 엘 말라 스카우터는 점차 셰리프가 아닌 이 선수의 플레이에 집중했고,
결국 얼마 지나지 않아 영입 타겟을 변경했다. 그 주인공이 모하메드 살라였다.
엘 말라 스카우터는 살라의 플레이를 본 즉시 매료되어 버렸고, 결국 살라의
영입을 결정했다. 살라의 축구 경력이 본격적으로 시작된 순간이었다.
14세 살라는 알 무카윌룬의 팀 훈련에 참여하기 위해 집에서 버스로만 3시간 반

거리를 이동하며 주 5일 훈련에 임했다. 이 때문에 학교
수업의 대부분을 불참해야 했고 동네 친구들과의 관계도
소원해질 수밖에 없었지만 모든 훈련 일정에 성실히 임했다.
워낙 빠른 발을 가진 덕에 살라의 플레이가 주목을
받기까지는 긴 시간이 필요 없었다. 얼마 지나지 않아
살라는 알 무카윌룬의 최고 유망주로 떠올랐고 머지 않아
1군에 콜업될 것이라는 기대까지 생겨났다.

신의 한 수가 된 포지션 변경

포지션을 바꾼 뒤에 살라의 잠재력은 더 폭발했다.
전설적인 공격수들을 우상으로 여겼던 살라지만,
어린 시절 살라의 포지션은 왼쪽 풀백이었다. 하지만, 살라는
수비를 우선시하는 풀백과는 거리가 있었다. 살라는 왼쪽
풀백으로 뛰던 경기에서도 득점에 대한 남다른 열정을
보여줬다.
팀이 이겨도 자신이 골을 터트리지 못한 경기에서는 침울한
표정을 숨기지 못할 정도로 골 욕심이 상당했다.
살라가 속한 알 무카윌룬 U16 팀이 카이로 유소년 리그에서
엔피를 4-0으로 이긴 때였다. 이 경기에서 살라는 왼쪽
풀백으로 뛰었다. 수비수인 풀백이 경기를 무득점으로
마치는 경우는 흔하지만, 살라의 생각은 달랐다.
살라는 자신이 경기에서 여러 번의 득점 찬스를 놓친 것을
한탄했다. 골대 앞에서 다섯 차례의 기회가 있었지만 키퍼의
선방에 막혀 모두 놓쳤기 때문이었다. 결국 살라는 경기를
마친 뒤 하염없이 눈물을 흘렸다.
당시 그를 지도하던 엘 시시니는 이를 계기로
살라의 득점에 대한 열정을 이해하게 됐다. 그래서 살라에게
25 이집트파운드(약 1, 500원)를 주며 그를 위로했고,
얼마 지나지 않아 윙포워드로의 포지션 변경도 제안했다.
계속 왼쪽 풀백으로 뛰게 되면 득점할 수 있는 기회도
적게 올 수밖에 없기 때문이다. 엘 시시니는 "난 살라에게
카이로 리그 U16, 내셔널리그 U17에서 모두 팀 내 득점왕이
될 수 있을 거라고 독려했다. 마지막 시즌에 살라는 총
35골을 기록하며 날아올랐다"고 회상했다.
알 무카윌룬 U16 팀의 동료였던 아마드 사드는 기억에 남은
살라와의 일화를 소개했다. 아마드 사드는 "U16 팀 경기를
뛸 때의 일이었다. 선발로 출전한 살라가 전반전 부진을
이유로 당시 감독이었던 함디 노아에게 심한 꾸중을 들은
적이 있었다. 살라가 하프타임 동안 눈물을 흘리길래

안쓰럽게 여겼는데, 후반전에 들어가자마자 3골을 몰아치며
팀을 이끌었다. 상황에 주눅들지 않고 오기를 느꼈던 거
같다. 그때 살라의 득점력이 기억에 남는다"고 회상했다.
이어서 사드는 "U16 팀에서 살라는 주로 왼쪽 풀백으로
경기에 나섰고, 종종 왼쪽 윙으로 올라가서 뛰기도 했다.
어린 나이에도 터치를 비롯해 공을 다루는 기술이 완성된
선수였다. 팀 동료 대부분은 이집트 리그 상위 팀인
자말레크나 알 무카윌룬 1군 팀에서 뛰는 게 목표였다.
하지만 살라는 달랐다. 팀에서 유일하게 이집트 무대를 넘어
더 큰 무대에서 뛰고 싶어하는 열망이 있었다"고 전했다.

1군 선수로의 완성 단계

살라의 열망과 재능은 머지 않아 1군 감독 모하메드 라드완

요구했다고 한다.

시간이 지나 1군에서 뛸만한 준비를 더 마친 2010년 5월
3일 엘 만소우라전에서 살라는 이집트 프리미어리그에
데뷔한다. 그리고 다음 시즌인 2010-11시즌부터 주전으로
발돋움했다. 하지만 데뷔골은 데뷔로부터 반년 이상 시간이
지난 뒤에나 터졌다. 살라의 리그 데뷔골은 2010년 12월
25일 알 아흘리전에서 나왔는데 그동안 살라는 자신이
득점을 터트리지 못해 고민에 잠긴 시간이 길었다고 한다.
데뷔와 주전 도약에만 만족하기에 살라의 욕심은 더 컸던
것이다.

데뷔골을 넣은 뒤부터 살라의 프로 경력 시작은 순조로운 듯
보였다. 그러나 2012년 2월 포트사이드 스타디움에서
대형 사고가 벌어진다. 축구 경기 중 관중 간의 난투극이
발생해 74명이 사망하고, 100여 명이 다쳤는데 이는 훗날
'포트사이드 경기장 폭력 사태'로 불린다. 이집트 리그는
참사를 수습하기 위해 리그 중단을 선언했고, 살라가 프로
무대 두 번째 시즌에 보여준 활약 행진도 제동이 걸렸다.
결국 2012년 3월 이집트 리그는 시즌 취소를 결정했고
살라와 알 무카윌룬이 거둔 기록과 성과들도 모두 소멸됐다.

이집트 대표팀에 입성하다

살라는 이집트 U20 대표팀, U23 대표팀에 꾸준히 차출되며
주축으로 활약했다. 2011년 U20 월드컵에도 참가했다.
이 대회에서 이집트는 E조에서 브라질에 이어 2승 1무로
2위를 차지하며 16강에 올랐지만, 16강에서 아르헨티나에
1-2로 패하며 탈락했다. 살라는 아르헨티나전 페널티킥으로
대회 1골을 기록했다.

2011년 9월 3일 시에라리온전을 통해 A매치 데뷔전을
치렀고 한 달 뒤인 2011년 10월 8일 2012 네이션스컵
예선인 니제르전에서 A매치 데뷔골을 터트렸다. 2011년
9월부터 이집트 대표팀을 이끌었던 밥 브래들리 감독은
살라의 속도와 파괴력, 축구 지능에 감탄했다. 살라는
2011년 10월부터 2012년 3월까지 A매치 6경기에서 4골을
터트리며 이집트의 주요 선수로 입지를 다졌다.

2012 런던 올림픽에서는 조별리그 3경기에서 모두
득점하는 활약을 남겼다. 7월 26일에 열린 브라질전에서
한 골, 3일 뒤에 열린 뉴질랜드전에서도 한 골, 8월 1일에
열린 벨라루스전에서도 한 골을 기록했다. 1승 1무 1패의
성적으로 이집트는 토너먼트에 올랐지만, 8강에서 일본에

감독의 눈길을 끌었다. 모하메드 라드완 감독은 U16팀에서
알 아흘리를 상대하던 15세 살라의 플레이에 감탄하며
곧바로 1군 콜업을 지시한다. 결국 2008년 말, 살라는 15세
10개월의 나이로 1군 경기에 데뷔한다. 데뷔를 앞둔 살라가
라드완 감독은 살라가 몸을 풀고 있을 때 "혹시 긴장했냐?"
며 물어봤다. 하지만 이에 살라는 "아닙니다 감독님"이라고
강하게 답했다. 엔피를 상대한 이 경기에서 알 무카윌룬은
좋은 경기력을 보여주지 못했지만, 살라는 당돌하게 1군
무대에 데뷔하며 경력의 시작을 알렸다.

하지만 재능이 남달랐던 살라에게도 부족한 점은 있었다.
바로 피지컬이었다. 1군으로 콜업돼 성인 선수들과 훈련을
함께했지만, 워낙 나이가 어렸던 탓에 근육이 제대로
완성되지 않았다. 라드완 감독은 이때부터 살라의 1군에서의
경쟁력을 키워주기 위해 식단 관리와 훈련 관리를 더 엄격히

0-3으로 패하며 메달 획득에는 실패했다. 하지만 올림픽에서의 활약을 계기로 살라는 CAF 아프리카 최고의 유망주 상을 받았다.

살라의 유럽 도전기

프로 입단 두 번째 시즌에 좋은 활약을 이어가던 살라로서는 아쉬울 수밖에 없었다. '포트사이드 경기장 폭력 사태' 이전까지의 그와 동료들이 보여준 리그 기록은 모두 소멸됐고, 소속팀에서의 경기 일정이 없어진 탓에 경기 감각 저하를 염려해야 했다. 한창 경기를 뛰며 빠른 속도로 성장하고 싶었던 살라였지만 뜻하지 않게 장애물을 만난 것이다. 다행히 어린 유망주들의 경기 감각 저하를 염려한 이집트 축구 협회는 U23 팀의 친선 경기를 잡아줬고 이는 살라에게 또 다른 기회가 된다.

2012년 3월 16일이었다. 당시 이집트 U23 팀은 스위스 바젤에서 FC 바젤과 친선전을 가졌다. 당시 바젤은 스위스 슈퍼리그에서 2년 연속 1위를 차지한 팀이었고,

2011-12시즌 챔피언스리그 조별리그에서는 홈에서 맨유를 격파하면서 사상 첫 챔피언스리그 토너먼트 진출을 이루기도 했다. 당시 바젤에는 알렉산더 프라이, 마르코 슈트렐러 등의 스타 선수들이 포진해있었다.

비록 친선 경기이긴 했지만, 살라는 이날 바젤을 상대로 후반전에만 출전해 2골을 기록하며 이집트 U23 팀의 4-3 승리를 이끌었다. 살라의 활약을 본 바젤의 스카우터진은 그에게 빠져들었다. 유럽 무대 도전이 당연한, 장래엔 더 큰 무대에서도 뛸 수 있는 살라의 재능과 잠재력을 확인한 것이다. 바젤의 스카우터진은 즉시 살라에게 연락하여 '1주일 동안 우리 팀 훈련에 참여해달라. 그동안 바젤에 머물 수 있게 해주겠다'고 제안했다. 결국 팀 훈련도 성공적으로 소화한 살라는 2012년 4월 10일에 FC 바젤과 4년 계약을 체결한다.

어릴 때부터 꿈꿔온 살라의 유럽 무대 진출 목표가 이루어졌다. 유스팀 동료 선수들이 이집트 리그에서의 강팀 진출을 원하는 동안 살라는 이보다 큰 유럽 무대로의 진출을 원하고 있었다. 하지만 처음으로 도전장을 내민 유럽 무대

구단이 기회를 빠르게 준 만큼 살라도 빠르게 부응했다. 일주일 뒤인 로잔 스포르전에서 곧바로 리그 데뷔골을 터트리며 팬들로부터 눈도장을 찍었다. 비록 팀은 챔피언스리그 최종 예선에서 패배하며 2012-13시즌은 유로파리그 본선으로 내려가게 됐지만, 살라는 첫 시즌부터 맹활약을 이어가며 팀의 리그 우승 경쟁에 이바지했다.

잉글랜드 팀과의 인연

유로파리그 조별리그에서 벨기에의 헹크, 헝가리의 몰 비디 FC, 포르투갈의 스포르팅 CP와 한 조가 된 바젤은 2승 3무 1패의 성적으로 헹크에 이어 조 2위를 차지한다. 이 기간 동안 살라는 주로 리그에서 활약을 이어갔는데, 그래도 4차전 몰 비디전, 5차전 스포르팅전에서 팀의 3골을 도우며 32강 진출을 이끌었다. 바젤은 2011-12시즌 챔피언스리그 16강 진출의 돌풍을 유로파리그 무대에서도 이어간다. 32강에서 우크라이나의 FC 드니프로를, 16강에서 러시아의 제니트 상트페테르부르크를 꺾으며 8강에 오른 것이다.

대망의 8강 상대는 잉글랜드 프리미어리그의 토트넘 홋스퍼였다. 이 경기는 살라와 잉글랜드 팀이 맞붙은 첫 번째 경기이기도 하다. 안드레 빌라스보아스 감독이 이끌던 토트넘은 가레스 베일을 중심으로 프리미어리그에서 선전하고 있었다. 베르통언, 카일 워커, 무사 뎀벨레, 스콧 파커, 폴트비, 레넌, 아데바요르 등도 포진해 있었다. 베일이 1차전 막판에 당한 부상으로 2차전에 결장하긴 했지만 객관적 전력의 우위는 역시 토트넘이었다.

하지만 바젤과 토트넘은 210분의 시간 동안 치열하게 맞붙었다. 살라는 이 두 경기에서 모두 선발로 출전했다. 1차전 토트넘 원정에서 먼저 2-0 리드를 가져간 바젤은 비록 리드를 지키지 못한 채 2-2로 따라잡혔지만 토트넘을 상대로 할 수 있다는 자신감을 얻었다. 2차전 홈 경기에서는 살라도 골을 터트렸다. 이 경기에서도 2-2로 비긴 양 팀은 결국 승부차기까지 가게 됐고, 승부차기 4-1 승리로 바젤이 4강 진출을 확정했다.

4강에서도 잉글랜드 팀을 만났다. 이번 상대는 챔피언스리그 디펜딩 챔피언 첼시였다. 로베르토 디 마테오 감독과 함께 2011-12시즌 챔피언스리그 우승을 차지한 첼시는 2012-13시즌 전반기 부진을 이유로 디 마테오 감독을 경질하고 라파엘 베니테즈 임시 감독을 선임했다. 수비와

적응이 쉬워보이진 않았다. 최근엔 영보이즈의 선전이 돋보이지만, 2010년대 초반까지만 해도 바젤은 스위스 슈퍼리그에서 압도적 강팀으로 불렸다. 챔피언스리그에서도 존재감을 보일 만큼 양질의 선수들이 다수 포진해있었다. 게다가 살라는 언어 문제로 인해 동료들과 원활한 대화를 할 수 없었다. 여기에 팬들의 큰 기대치도 부담으로 작용할 법했다. 살라가 영입된 시기는 2012년 여름 바젤의 스타 선수이자 최고 유망주였던 제르단 샤키리(이후 2018년부터 3년 동안 리버풀에서 동료로 활약)가 독일 바이에른 뮌헨으로 떠난 시기와 맞물렸다. 빼어난 득점력과 기회 창출로 팬들로부터 많은 사랑을 받았던 샤키리의 빈 자리를 살라가 대체하는 모양새였다. 팬들은 살라가 즉시 전력감으로 빠르게 적응하길 원했다.

살라는 2012년 8월 8일 챔피언스리그 최종 예선 몰데전에서 74분에 교체로 투입되며 바젤 소속 데뷔전을 치렀다. 그리고 주말에 치러진 8월 12일 FC 툰전에서 스위스 슈퍼리그에 데뷔했는데, 이날 살라는 데뷔 후 두 번째 경기 만에 선발로 기용돼 풀타임을 소화했다.

미드필더의 간격을 좁히며 공수 밸런스를 잡기 시작한
베니테즈 아래에서 첼시는 후반기 성적이 살아났다. 비록
챔피언스리그 조별리그 3위의 성적으로 내려온 유로파리그
무대지만, 첼시에게는 4강까지 오른 김에 구단 첫
유로파리그 우승에 도전하겠다는 각오가 있었다.
하지만 바젤 역시 지난 시즌 맨유와 이번 시즌 토트넘을
상대로 1승 3무를 거두며, 잉글랜드팀에 강한 면모를
보였다. 바젤에서는 센터백 파비앙 셰어, 공격수 마르코
슈트렐러, 측면에서는 발렌틴 슈토커 등의 자원들이
맹활약을 펼치고 있었다. 객관적 전력과 별개로 바젤이
4강까지 올라온 이상 결과를 쉽게 예측하긴 어려운
상황이었다.
살라 역시 바젤에서 주목되는 선수 중 한 명이었다.

빠른 발을 활용한 볼 운반과 뒷 공간 침투에 능한 살라의
존재는 바젤의 역습을 효과적으로 만들어주는 무기였기
때문이다. 바젤이 객관적 전력에서 우위에 있는 팀들을
상대할 때마다 살라의 플레이를 기대하는 팬들의 목소리도
커졌다. 살라는 이미 바젤의 스피드 스타로 통하던 때였다.
살라는 토트넘과의 8강전에 이어 첼시와의 4강
1, 2차전에도 모두 선발 출전했다.
1차전 바젤 홈 경기에서 먼저 포문을 연건 첼시였다. 전반
12분 첼시의 빅터 모제스의 선제골이 터졌다. 하지만
바젤 역시 적극적으로 몰아붙이며 원정 팀 첼시에 저항했다.
1-0의 상황이 오랫동안 이어지던 후반 87분 슈토커가
페널티킥을 얻어냈고 이를 셰어가 성공시키며 점수는
1-1이 된다. 맨유, 토트넘전에 이어 바젤의 잉글랜드 팀

허용했다. 후반 50분 페르난도 토레스, 후반 52분 빅터
모제스, 후반 59분 다비드 루이즈에게 실점하고 만다.
한 골 한 골이 바젤에겐 치명타일 수밖에 없었다. 결국
바젤은 합계 점수 2-5로 밀리며 결승 진출에 실패했고,
첼시는 결승에서 벤피카를 꺾어 구단 첫 유로파리그 우승을
달성한다.

바젤의 유로파리그 돌풍에 있어 살라의 존재감은 상당했다.
빠른 발을 앞세워 지속적으로 상대의 뒷 공간을 노렸고, 8강
토트넘전과 4강 첼시전에 각각 한 골씩 기록했다. 잉글랜드
팀과의 좋은 인연은 이때부터 이어진 것이다. 리그에서는
29경기에서 5골 4도움을 기록하며 팀의 네 시즌 연속
슈퍼리그 우승에 기여했다. 이 때의 리그 우승이 모하메드
살라가 프로 무대에서 들어올린 첫 번째 트로피였다. 리그가
끝난 뒤 그라스호퍼와의 스위스 컵 결승전에서 두 번째
트로피를 노렸지만 승부차기에서 3-4로 패하며 준우승에
만족해야 했다.

살라의 자국 리그 활약은 2013년 스위스 슈퍼리그 올해의
선수상을 받으며 인정받았다. 그리고 2012년에는 아프리카
올해의 영플레이어 상을 받았고 아랍 축구 연맹 골든 보이
수상자로도 선정됐다. 자국 리그와 유로파 리그에서의
굵직한 활약과 함께 살라의 화려한 수상 이력은 이때부터
시작된 것이다.

다시 만난 첼시, 이번엔 다르다

첼시와의 인연은 두 시즌 연속으로 이어졌다. 바젤은
2013-14 챔피언스리그 조별리그에서 잉글랜드의 첼시,
독일의 샬케, 루마니아의 슈테아우아 부쿠레슈티와 같은
조에 편성됐다. 바젤이 본선으로 올라오기까지도 살라의
활약이 결정적이었다. 챔피언스리그 3차 예선에서 마카비
텔 아비브와 루도고레츠를 꺾은 바젤은 지난 시즌
유로파리그로 떨어졌던 설움을 극복하고 챔피언스리그
본선에 입성했다.

살라는 3차 예선에서 텔 아비브를 상대로 득점을 기록했고
8월 21일에 열린 불가리아 리그 챔피언 루도고레츠와의
최종 예선 경기에서는 1차전에만 두 골을 터트렸다. 살라의
활약에 힘입어 최종 예선 원정 1차전에서 4-2 승리를 거둔
바젤은 2차전에서 여유 있는 2-0 승리를 챙겼다.

유럽에서의 두 번째 시즌을 맞은 살라는 확실히 1년 전보다
더 여유로워 보였다.

상대 무패 흐름이 또 한 번 이어지는 듯 보였다. 하지만
후반전 추가시간, 다비드 루이즈의 프리킥 슈팅이 그대로
골문으로 들어가며 1-2 패배를 당한다.

원정 다득점 룰이 있던 때였기 때문에 홈에서의 2실점은
좋지 않은 결과였다. 하지만 한 골 차라는 점에서 바젤에게
도 2차전 스탬포드 브리지 원정에서의 희망은 있었다. 전반
추가시간, 살라의 선제골이 터질 때만 해도 바젤이 상황을
뒤집을 수도 있다는 희망이 생겼다. 전반 내내 첼시 수비의
뒷 공간을 노리던 살라는 발렌틴 슈토커의 패스를 받아
왼발로 찬스를 마무리하며 팀의 1-0 리드를 이끌었다.
하지만 바젤의 돌풍은 여기까지였다. 2차전 1-0 리드에도
원정 다득점이 부족한 한 골이 더 필요했던 바젤은 후반전
에도 공격적으로 경기를 운영하다 첼시에 연달아 3실점을

그 전 시즌 유로파리그 4강에서 첼시에 당한 바 있는 바젤 선수단은 복수를 꿈꿨다. 반년도 되지 않은 시간 만에 다시 만난 상황이기에 바젤 선수들의 의지는 남다를 수밖에 없었다. 2013년 9월 18일 조별리그 1차전에서 바젤은 첼시 원정을 떠나 2-1 승리를 거뒀다. 전반 45분 오스카가 선제골을 기록하며 첼시가 앞섰지만 살라와 슈트렐러의 연이은 골로 역전에 성공했다. 이날 살라는 4개의 슈팅을 시도했고 자신이 선호하는 박스 오른쪽 대각선 지점에서 먼쪽을 노린 왼발 슈팅으로 첼시의 골문을 열었다. 첼시 원정에서만 두 경기 연속골이었다.

2013년 11월 26일에는 바젤이 홈으로 첼시를 불러들였다. 조별리그 5차전 경기에서도 승리한 팀은 바젤이었다. 후반 87분에 터진 살라의 결승골 덕에 1-0으로 승리했다. 왼쪽 뒷 공간으로 롱볼이 날아오자 재빠르게 침투를 가져간 살라는 특유의 빠른 발로 이바노비치를 제친 뒤 단숨에 체흐 골키퍼와의 1대 1 상황을 만들어 살짝 띄워차는 슈팅으로 기회를 마무리했다. 살라의 결승골을 바라보던 첼시의 주제 무리뉴 감독은 허탈한 표정을 지었다.

공교롭게도 바젤은 조별리그 6경기에서 첼시를 상대로만 승리했다. 샬케에게 2패, 슈테아우아 부쿠레슈티에게 2무를 거둔 바젤은 2승 2무 2패의 성적으로 첼시와 샬케에 밀려 조 3위에 머물렀다. 살라도 조별리그 6경기에 모두 선발로 나섰지만, 첼시를 상대로만 득점에 성공했다.

살라는 2012-13 유로파리그에서 14경기 2골 5도움, 2013-14 챔피언스리그 예선에서 4경기 3골 1도움, 2013-14 챔피언스리그 본선에서 6경기 2골을 기록하며 바젤 소속 UEFA 대회 활약을 마무리한다.

살라는 2013-14시즌 스위스 슈퍼리그 전반기에도 18경기 4골 5도움을 기록했다. 리그 우승 경쟁 상대 영보이즈와의 원정경기에서 2골을 터트리며 팀의 2-2 무승부에도 기여했다. 전반기의 활약이 무르익은 시점 살라는 첼시의 제안을 받아 더 큰 무대인 잉글랜드 프리미어리그에 입성한다. 바젤은 살라가 빠진 후반기에도 좋은 성적을 이어가며 리그 우승을 차지했다. 스위스 슈퍼리그에서는 다섯 시즌 연속 우승이었다.

살라의 유럽 적응을 도운 박주호?

살라가 바젤에서 활약하는 동안 현재 수원FC 소속인 박주호 역시 바젤에서 함께 뛰었다. 박주호는 살라보다 1년 앞서

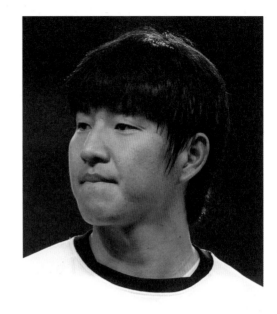

바젤에 입단했고 2012-13시즌을 마친 뒤 독일 분데스리가 의 마인츠로 이적했다. 박주호는 MBC에브리원 '비디오스타' 에 출연해 "살라는 내가 키운 선수다"라고 말하며 그와의 인연을 소개했다.

박주호는 "바젤 시절 살라는 내 룸메이트였다. 그런데 살라가 새벽 기도를 위해 알람을 맞췄는데도 일어나지 않아 대부분 내가 깨워줬다"라며 "내가 깨우지 않았으면 살라도 기도를 할 수 없었다"고 말해 웃음을 자아냈다. 실제로 살라는 다른 룸메이트를 배정받은 뒤 얼마 지나지 않아 "다시 주호랑 같은 방을 쓰고 싶다"고 말하며 박주호에게 집착했다고 한다. 이후 박주호는 "살라는 내가 키운 선수다" 라고 강조했다.

울산 현대 소속 당시 가진 구단과의 인터뷰 영상에서도 살라에 대해 언급했다. 박주호는 "살라에게 유독 잔소리를 많이 했다. 어려서 그런지 이상하게 정리 정돈을 잘 안 하더라. 샤워하고 나면 물이 떨어져 있고 어지럽혀져 있었다"고 말했다. 박주호의 도움이 없었다면 살라의 유럽 적응은 생각만큼 순탄치 않았을지도 모른다. 살라와 박주호는 지금도 가끔씩 연락하고 있는 사이로 알려져 있다.

02

첼시 입성,
프리미어리그 데뷔

살라를 둔 첼시와 리버풀의 경쟁

모하메드 살라는 2014년 겨울 첼시로 이적하며 잉글랜드 무대에 진출한다. 이때 첼시는 리버풀과의 경쟁을 뚫고 살라를 품는데 성공한다. 리버풀도 살라의 재능을 일찍부터 주목하고 있었다. 하지만 첼시와의 영입 협상 경쟁에서 몇백만 파운드의 차이로 밀리고 말았고, 그동안 첼시가 빠르게 영입 절차를 마치며 살라의 계약을 받아냈다. 2014년 1월 23일, 살라는 1,100만 파운드의 이적료를 기록하며 첼시의 선수가 된다.

첼시로 이적한 살라는 런던 연고 팀에 입성한 역사상 첫 이집트 국적의 선수가 되었으며, 맨유로 떠난 후안 마타를 대체할 신성으로 기대를 받았다. 후안 마타는 2011년 여름 발렌시아를 떠나 첼시로 이적한 뒤 두 시즌 반 동안 팀의 플레이메이커로 서 기회 창출, 마무리 등을 해낸 유능한 2선 자원이었다. 마타는 첼시에 있는 동안 팀의 FA컵, 챔피언스리그, 유로파리그 우승에 기여하며 제 역할을 톡톡히 해냈다. 하지만 2013년 여름 무리뉴 감독이 부임한 뒤로 주전 경쟁에서 밀렸고 결국 마타는 출전 기회를 얻기 위해 데이비드 모예스 감독이 이끌던 맨유로 겨울 이적시장에 이적했다. 무리뉴 감독은 자신이 추구하는 역습 공격의 속도를 더해줄 모하메드 살라의 재능을 주목했다. 무리뉴는 "가레스 베일이나 아르옌 로벤처럼 될 재능이 있다"며 살라를 치켜세웠다. 등번호 15번을 배정받은 살라는 프리미어리그에서의 성공을 다짐했다.

유망주 살라의 가능성

살라는 2014년 2월 8일 뉴캐슬전에 교체로 투입되며 첼시에서 데뷔했다. 데뷔골은 7경기
만에 터졌다. 2014년 3월 22일, 아르센 벵거 감독이 아스날 지휘 1,000번째 경기에서 살라가
골을 기록했다. 이 경기는 첼시가 6-0으로 승리했는데 첼시가 벵거 감독의 기념비적인 경기를
망쳐놓은 날로 통한다. 후반 67분, 살라는 팀의 다섯 번째 골을 넣은 오스카를 대신해 교체
투입됐다. 그리고 4분 뒤, 마티치가 왼발로 띄워주는 패스를 올린 타이밍에 맞춰 빠르게
달리며 아스날의 수비 뒷 공간을 공략했다. 순식간에 슈체스니 골키퍼와 1대 1 찬스를 맞은
살라는 침착하게 슈체스니의 오른쪽 겨드랑이 아래로 공을 낮게 깔아차며 득점에 성공했다.
바젤 때부터 보여준 역습에 강한 살라의 강점이 그대로 통한 장면이었다.
4월 5일 스토크전에서는 한 경기에서 1골과 1개의 도움, 1개의 페널티킥 유도를 해내며
이날 팀이 넣은 세 골에 모두 관여하는 활약을 남겼다. 시즌 중에 팀을 옮겼기 때문에
잉글랜드 생활과 새 팀 적응이 쉽지 않았을텐데도 살라는 컵 대회 포함 11경기에 출전했다.
무리뉴 감독은 지속적으로 살라에게 출전 시간을 부여하며 그에 대한 기대감을 드러냈다.
그러나 살라는 아스날전과 스토크전을 제외한 경기에서는 공격 포인트 달성에 실패하며
11경기 2골 1도움으로 데뷔 시즌을 마친다.

이제는 씁쓸한 살라의 안 필드 입성기

2014년 4월 27일에는 리버풀전을 위해 안 필드 원정을 떠났다. 프리미어리그 출범 후 첫
우승을 노리던 리버풀은 홈 첼시전 승리가 반드시 필요했다. 리버풀과 비교해 경쟁팀
맨체스터 시티의 잔여 경기 일정이 훨씬 수월했기에 리버풀은 홈에서 첼시를 잡지 않으면 1위
자리를 내줄 가능성이 컸다. 게다가 첼시는 아틀레티코 마드리드와의 챔피언스리그 준결승
일정으로 인해 로테이션이 불가피했던 상황이다. 리그 우승권과는 거리가 있던 상황이었기
때문에 첼시는 상대적으로 중요치 않았던 리버풀 원정 경기에 주전 선수들을 대거 기용하지
않았다. 그러한 이유로 살라는 리버풀 원정 경기에 선발로 출전했다. 이날 첼시는 골키퍼에
마크 슈왈처, 센터백은 토마스 칼라스, 미드필더엔 네마냐 마티치와 존 오비 미켈, 공격진에는
안드레 쉬를레와 뎀바 바, 모하메드 살라를 기용하며 로테이션에 집중했다. 반면 리버풀은
징계로 인해 빠진 조던 헨더슨을 제외하면 루이스 수아레스, 라힘 스털링, 스티븐 제라드,
존 플래너건, 마틴 슈크르텔, 글랜 존스, 시몽 미뇰레 등 주전 선수들이 대거 출전했다.
하지만 리버풀은 경기에서 예상 외로 고전했다. 무리뉴 감독이 세운 두 줄 버스는 주전들이
대거 빠졌음에도 단단함을 유지했기 때문이다. 리버풀은 초반부터 공세를 이어갔지만 첼시의
수비를 뚫는데 어려움을 겪었다. 그리고 전반 45+3분, 마마두 사코의 횡패스를 넘겨받던
스티븐 제라드가 미끄러지며 볼을 놓쳤고 이를 낚아 챈 뎀바 바가 선제골을 넣으며 첼시가
1-0으로 앞서갔다. 주장 스티븐 제라드의 치명적인 실수였다. 경기는 90+4분에 터진
윌리안의 골까지 더해져 첼시의 2-0 승리로 끝났다. 이 당시 살라는 첼시 유니폼을 입고
사코의 앞에서 제라드의 실수 장면을 바라보고 있었다.
이날 살라가 큰 활약을 한 것은 아니었다. 후반 60분 살라는 윌리안과 교체 아웃되며 경기를
마쳤고, 대신 투입된 윌리안은 리버풀 출신 공격수 페르난도 토레스의 패스를 받아 쐐기골을
기록하며 리버풀에게 0-2 패배를 안겼다. 훗날 안 필드의 왕이 되어 수많은 골과 승리를
만들어준 살라의 안 필드 첫 경기는 이렇게 마무리됐다.

Scandal

살라의
입대 스캔들

이집트군도 대한민국과 마찬가지로 징병제를 채택하고 있다. 이 사실이 알려지자 영국 언론은 이제 막 첼시에 입단한 모하메드 살라가 군대의 부름을 받을 수 있다는 보도를 쏟아냈다. 살라의 군입대 관련 이야기는 2014-15시즌을 앞두고 큰 화제가 됐다. 짓궂은 영국 언론이 살라가 군대의 부름을 받을 수밖에 없는 이유를 찾아내며 이슈 몰이를 했기 때문이다.

이집트 국민은 학력에 따라 최소 12개월에서 최대 36개월까지 군에 입대해야 한다. 살라는 그동안 학업을 이유로 군입대를 연기했다. 하지만 당시 살라가 소속된 교육기관은 출석이 부족하다는 이유로 살라를 퇴출하기로 결정했다. 이에 살라가 학업으로 입대를 미루는 것은 불가능해졌다. 영국 언론의 보도 내용은 일리가 있었다.

하지만 살라의 입대 스캔들은 이집트 국민들의 반응을 이끌어냈다. 이제 막 첼시와 대표팀에서 활약을 꽃피우기 시작한 자국 최고의 축구 스타에게 징병의 부담을 줘선 안된다는 여론이 지배적이었다. 이집트 정부에서도 살라의 군입대를 막고 나섰다. 이브라함 마흘랍 국무 총리는 살라의 입대를 반대했고 이에 이집트 대표팀 감독인 샤키 가리업, 이집트 교육부 장관, 축구계 고위층 등과 미팅을 가지며 살라의 군문제를 논의했다.

그 결과 살라의 입대는 이집트 축구 전체에 위험한 일이 될 수 있다는 결론하에 면제가 결정됐다. 살라의 입대를 반대하고 나선 이집트 국민들도 환호했다. 군면제를 받은 살라는 유럽 무대와 대표팀에서의 활약을 이어갈 수 있었다. 이후 2~3년이 살라가 유럽 5대 리그에 정착하게 된 중요한 시기였음을 고려할 때 그의 면제 결정이 상당한 영향력이 있는 사안이었음을 실감할 수 있다.

YOU'LL NEVER WALK ALONE
Standard Chartered
EGYPTIAN PHARAON
MOHAMED
SALAH
Mamdouh Elghlban
Ahmed Dawod
His lovers
Designed By Ahmed Dawo
[redacted]
adawod2

Pressure

극심한
주전경쟁이 준
부담감

2014-15시즌 첼시의 2선은 포화 상태였다. 살라가 첼시로 이적한 2014년 겨울에 후안 마타와 케빈 더브라위너를 정리했는데도 불구하고 가용할 만한 인원이 차고 넘쳤다. 당시 첼시의 2선은 에덴 아자르와 윌리안, 오스카, 안드레 쉬얼레에 모하메드 살라까지 가세해 있었다. 팀 내 에이스 에덴 아자르가 17번에서 10번으로 등번호를 바꾸면서 살라가 그 17번을 넘겨 받았다. 하지만 살라의 활약은 아자르에 미치지 못했다.

우려했던 주전 경쟁은 현실이 되고 말았다. 시작부터 쟁쟁한 2선 경쟁에서 밀리고만 살라는 8월 리그 개막 후 9월까지 3경기 출전에 그쳤다. 프리미어리그 4라운드 스완지전에서 교체 투입 후 8분, 챔피언스리그 조별리그 2차전 스포르팅전에서 교체 투입 후 6분, 리그컵 3라운드 볼튼전에서 선발 80분을 뛴 것이 전부였다. 10월이 되어도 상황은 달라지지 않았다. 10월 18일 팰리스전에 교체 출전해 4분 뛴 걸 제외하고는 결장이 이어졌다.

10월 28일 리그컵 4라운드 슈루즈버리 타운전은 살라의 시즌 두 번째 출전 경기였다. 살라는 이미 리그와 챔피언스리그에서의 연속된 결장으로 자신감과 경기 감각을 잃어버렸다. 이날 경기 내용이 좋을 리 만무했다. 후반 48분 살라는 쉬얼레의 패스가 굴절되어 튀어오른 공을 드록바에게 왼발로 재차 띄워주며 선제골을 도왔다. 팀은 2-1로 승리했고 살라는 1-1로 비기던 후반 80분에 윌리안과 교체되며 경기를 마쳤다.

경기 후 무리뉴 감독은 혹평을 남겼다. 그는 경기 후 인터뷰에서 "특정 선수들에게 실망했다. 다음 경기에서 어떤 선수들을 선택해야할지 알게 됐다"고 소감을 밝혔다. 이어서 무리뉴는 "선수들이 나에게 인상을 남기길 바랬다. 그래서 선발 라인업에 대한 고민을 만들어줬으면 했다. 하지만 많은 선수들이 그러지 못했다. 다가오는 토요일에 우리 팀 라인업을 짜는 건 매우 쉬운 일이 될 거 같다"라고 덧붙였다.

이날 경기에 새롭게 명단에 든 선수들을 신랄하게 비판하는 내용이었다. 현지 기자들도 무리뉴 감독이 살라와 쉬얼레를 겨냥해서 인터뷰했다고 보도했다. 살라는 연말까지 단 한 경기에만 출전했다. 16강 진출을 이미 확정해

비중이 떨어졌던 챔피언스리그 조별리그 스포르팅전에 선발 출전한 것이 전부였다. 그는 여기서도 별다른 인상을 남기지 못한 채 71분 만에 교체 아웃됐다. 2015년 1월이 되어 리그와 FA컵에서 각각 한 경기씩 기회를 잡았지만, 그가 첼시에서 뛸 수 있는 자리는 없어보였다. 이 당시 살라는 속도로 인상을 남긴 것을 제외하면 큰 특징을 보여주지 못했다. 터치와 패스 미스도 많았고 공간을 찾아들어가는 움직임도 애매했다. 처음엔 유망주니까 기다려줄 수 있다던 첼시 팬들조차 점점 그의 경기력을 답답해했다. 이적 직후 신뢰를 보였던 무리뉴 감독의 기대도 한풀 꺾였다. 전형적인 빅 리그에 진출한 뒤 자리를 못 잡으며 실패하는 애매한 유망주의 느낌이 났다.

훗날 팀 동료 드록바는 당시의 살라를 회상하며 "자신감이 떨어져보였다"고 말했다. 드록바는 인터뷰에서 "그 때 살라는 기가 죽어있었다. 오죽하면 나에게 힘들다며 하소연하기까지 했었다"라고 말했다. 이어서 드록바는 "솔직히 월드클래스가 된 살라의 활약이 놀랍지는 않다. 그는 예전부터 재능이 뛰어난 선수였기 때문이다"라며 "그가 보여주는 활약은 이 세상의 것이 아닌 거 같다. 그는 자신이 최고의 선수임을 입증하고 있다"고 칭찬했다.

Big Leaguer

많은 기대를 받으며 첼시에 입성한 살라는 결국 주전 경쟁에서 밀려

자리를 잡지 못하고 피오렌티나로 임대를 떠난다.

피오렌티나와 AS로마에서 엄청난 활약을 펼친 살라는

자신이 실패했던 프리미어리그에 다시 도전한다.

"

우리는 전설의 시작을 목격하고 있다.

스티븐 제라드 리버풀 레전드

01

세리에
최고의 선수로
거듭나다

인생 첫 세리에 A 무대 진출

2015년 2월 2일, 겨울 이적시장의 마지막 날이었다. 첼시에서 뛸 자리가 없었던 살라는 이탈리아 무대에 진출했다. 그의 행선지는 챔피언스리그 진출을 노리던 피오렌티나였다. 피오렌티나는 매 시즌 빈첸조 몬텔라 감독 아래에서 챔피언스리그 플레이오프 진출권이 걸린 3위 진입을 노렸다. 하지만 번번히 한 두 순위 차이로 좌절을 맛봤다. 2014-15시즌 전반기 때는 이전보다 적은 승리를 따내며 힘이 빠졌다. 갈 길 바쁜 피오렌티나의 선택은 살라 임대였다.

2014-15시즌까지 반년 임대 계약을 맺은 살라는 74번의 등번호를 받았다. 이는 2012년 2월에 발생한 포트사이드 경기장에서 발생한 관중 간의 폭력 사태로 사망한 74명을 추모하는 의미였다. 같은 시기 첼시로 이적한 후안 콰드라도의 빈 자리를 대신해야 했던 살라는 빠르게 데뷔전을 치렀다. 살라는 2월 8일 아탈란타전에서 당시 제 2의 전성기를 누리던 핵심 선수 호아킨을 대신해 65분에 교체 투입됐다.

2월 14일 사수올로전에서는 처음 선발 명단에 이름을 올렸다. 그리고 전반 30분 만에 장기인 뒷 공간 침투를 앞세워 골키퍼와의 1대 1 찬스를 만든 뒤 왼쪽 구석을 향하는 왼발 슈팅을 시도하며 데뷔골을 터트렸다. 살라의 활약은 계속 이어졌다. 득점 후 2분 만에 쿠마 엘 바바카르의 골까지 도왔다. 1골 1도움으로 팀의 3-1 승리에 기여한 살라는 성공적인 선발 데뷔전을 치렀다.

이후 살라는 교체 출전한 토리노, 인테르를 상대로도
골을 기록하며 리그 3경기 연속골을 기록했다.
2월 26일 토트넘과의 유로파리그 32강 2차전 홈 경기에서
도 득점했다. 폭발적인 속도를 내며 오른쪽에서 박스 안으로
대각선 방향 드리블을 가져간 살라는 수비를 제친 뒤 골대를
찢을 듯한 왼발 강슛으로 득점을 기록했다. 시원하게
유니폼을 벗은 살라는 홈 서포터 앞에서 포효했다. 임대생
살라의 강렬한 데뷔 임팩트를 본 피오렌티나 팬들도
열광했다. 살라의 골에 힘입어 피오렌티나는 2차전을
2-0으로 승리했고 합계 스코어 3-1로 16강에 진출했다.
임대 후 한 달 동안 4골을 터트린 살라의 활약은 눈부셨다.
그의 활약에는 몬텔라 감독의 전술도 큰 도움이 됐다.
몬텔라 감독은 높은 위치에서의 압박과 볼 탈취, 이를 통한
빠른 역습을 지시하는 감독이다. 그의 공격적인 전술은
살라의 압박 능력과 활동량, 순간적인 침투 능력을 제대로

끌어냈다. 훗날 리버풀에서 경험할 위르겐 클롭 감독의
전술과도 비슷한 부분이 많았다. 전술과의 시너지도 좋았고
어린 나이의 유망주라는 점까지 주목받았던 살라는 이후에
도 중요한 순간마다 활약을 이어갔다.

유베의 47경기 홈 무패를 깨트린 살라

그의 활약이 도드라진 경기는 코파이탈리아 준결승
유벤투스전이었다. 이미 공식전 3경기 연속골을 신고하며
물오른 골 감각을 보여준 살라는 해당 시즌 챔피언스리그
준우승 팀 유벤투스를 상대로도 강렬한 인상을 남겼다. 당시
유벤투스는 피오렌티나를 만나기 전까지 홈 47경기 무패를
달리고 있었다. 그들의 마지막 패배는 2년 전인 2013년
4월에 당한 바이에른 뮌헨전 패배였다.
하지만 1차전 유벤투스 홈에서 예상 밖의 결과가 나왔다.

유벤투스가 공세를 이어가던 전반 11분에 자기 진영에서 부터 볼을 치고 달렸던 살라는 순식간에 오그본나와 보누치를 제친 뒤 박스 안으로 돌파하며 오른쪽 상단 구석을 찌르는 왼발 강슛으로 선제골을 넣었다. 살라의 속도를 그 누구도 제어하지 못했다. 그나마 가까이 있던 당시 왼쪽 풀백 시모네 파도인이 달라붙으려 했지만 경합에 밀려 견제하지 못했다. 살라는 이 골로 4경기 연속 득점에 성공했다.

페르난도 요렌테의 빠른 동점골이 터지며 분위기는 가라 앉았지만 살라의 활약은 멈출 줄 몰랐다. 후반 55분 전방 압박 과정에서 호아킨이 클라우디오 마르키시오의 패스 미스를 유도해냈다. 이때 튕겨 나온 세컨볼을 낚아챈 살라는 마르키시오의 견제를 피지컬로 이겨내며 왼발 낮게 깔아차는 슛으로 두 번째 득점에 성공했다. 피오렌티나는 살라의 멀티골에 힘입어 2-1 승리를 거뒀다. 살라는

유벤투스에 48경기 만에 홈 패배를 안긴 주인공이었다. 비록 한 달 뒤 치른 2차전에서 피오렌티나는 유벤투스에 0-3으로 패하며 코파이탈리아 결승 진출에 실패했다. 하지만 1차전에서 보여준 살라의 활약은 상당한 화제가 됐다. 동시에 그의 임대 직후 활약이 조명됐다. 당시까지 살라는 피오렌티나에서 433분을 뛰는 동안 6골과 1도움을 기록했다. 72분 당 1골씩 기록할 만큼 순도 높은 활약이었다. 살라가 뛴 경기에서 팀도 7경기 5승 2무를 기록하며 선전했다.

이집트 메시의 맹활약

바젤 시절에 불린 '이집트 메시'라는 별명도 다시 거론됐다. 사실 살라가 첼시에서 실패하던 동안 'ㅇㅇㅇ 메시'라는 별명은 하나의 징크스처럼 취급됐다. 그동안 제 2의 메시,

제 3의 메시로 불렸던 선수들이 모두 실패했기 때문이다.
마르코 마린은 처참한 실패를 경험해야 했고,
보얀 키르키치와 파블로 피아티도 기대만큼 성공적인
커리어를 이어가지 못했다. 모하메드 살라도 같은 길을
밟을 것으로 여겨졌다. 하지만 피오렌티나에서의 활약으로
살라의 주가는 다시 올랐고 이탈리아 언론은 그를 '이집트
메시'라 부르기 시작한다.

이때부터 살라는 화려한 발 재간과 속도, 왼발 득점력,
위치 선정, 파괴력 등의 장점을 보여줬다. 이러한 신체적인
특징은 리오넬 메시와 비교했을 때 제법 비슷한 부분이
많다. 특히 살라는 상대 수비 한 두 명의 경합도 쉽게
뿌리칠 줄 아는 피지컬과 무게 중심, 적극적인 압박을
수행할 수 있는 활동량이 상당했다. 살라의 유년 시절
우상이기도 했던 호나우두는 훗날 살라에 대해 "살라는
엄청난 퀄리티를 지닌 믿기지 않는 선수다. 그는 마치
리오넬 메시 같다"라고 칭찬했다.

살라는 세리에 A 리그 16경기 6골 3도움, 유로파리그 8경기
1골 1도움, 코파이탈리아 2경기 2골의 활약을 보여주며
시즌을 마친다. 살라의 활약에도 불구하고 피오렌티나는
이번에도 리그를 4위로 마치며 챔피언스리그 진출에는
실패했다. 하지만 후반기 살라의 활약으로 큰 도움을 받은
피오렌티나는 그와 다음 시즌도 함께하기를 원했다.
언론에서는 4월 즈음부터 피오렌티나가 살라의 임대 연장을
노린다는 보도들이 쏟아졌다.

임대 연장을 둘러싼 피오렌티나와의 갈등

계약서에는 피오렌티나가 첼시에 백만 유로를 내면 임대를
1년 더 연장할 수 있다는 조항이 적혀 있었다. 시즌이 끝난
뒤 피오렌티나는 백만 유로를 지불하며 임대 연장 옵션을
발동했다. 하지만 살라 측에서 시큰둥한 반응을 보였다.
살라 에이전트는 "살라는 피오렌티나의 임대 연장을
거부할 수 있는 권한이 있다"라고 주장했다. 결국 살라는
피오렌티나의 프리시즌 캠프 합류 지시를 거부한 채
임대 연장에 응하지 않았다.

결국 피오렌티나와 살라 측간의 임대 연장 거부권을 둘러싼
진실 공방이 시작됐다. 가제타에서 공개한 문서에는 살라가
피오렌티나의 임대 연장을 거부할 수 있다는 내용이
적혀있었다. 이 서류에는 살라의 에이전트와 피오렌티나-
첼시 양 구단 보드진의 사인도 있었다. 문제는 이 문서의

효력이었다. 피오렌티나는 통상적으로 유럽 축구의
한 시즌이 끝나는 6월 30일이 지났으니 권리 행사 기간이
지났다고 주장했다. 반면 살라 측은 문서에 기한 명시가
안 되어 있기 때문에 임대 연장 거부가 가능하다고
반박했다.

피오렌티나는 살라 측이 인테르와 사전 접촉을 했다고
항의하기도 했다. 피오렌티나는 '이미 첼시에 백만 유로를
지불했기 때문에 우선 협상권이 자신들에게 있다', '하지만
살라 측이 이를 무시한 채 1월부터 인테르와 접촉해 이적을
타진했다', '이는 인테르와 살라 측의 불법 접촉이다'라고
주장했다. 피오렌티나는 공식적으로 인테르를 향해 경고했고

결국 인테르는 경고를 받은 뒤부터 살라 영입에
더 적극적으로 뛰어들 수 없었다.

2015년 8월 6일 살라의 AS로마 임대가 발표됐다.
피오렌티나는 첼시와 살라 측, 로마가 계약 조항을
무시한 채 불법 행위를 저질렀다고 주장했다. 그리고 로마행
오피셜이 뜨자 바로 스포츠 중재 재판소에 제소했다.
재판에서 살라의 임대 연장 거부권이 어떻게 해석될지가
관건이었다. 하지만 첼시와 살라 측이 어떠한 불법 행위도
없이 정당하게 임대 거부, 이적 절차를 밟았다는 결론이
나오면서 살라의 로마 임대가 확정됐다.
이로 인해 피오렌티나와 살라의 관계는 현재까지도 좋지

않다. 살라의 에이전트인 라미 압바스는 이때의 사태
이후로도 지속해서 피오렌티나를 조롱하는 트윗을 게재했다.
그들이 경기에서 패하거나 대회에서 탈락하는 등의 사건이
있을 때마다 압바스는 트윗을 올려 피오렌티나 팬들과
마찰을 빚었다. 피오렌티나 팬들은 반년의 짧은 활약 후
경쟁 팀 로마로 팀을 옮긴 살라에게 적개심을 드러내기도
했다.

피오렌티나에서 로마로

2015년 여름 크고 작은 논란 끝에 살라는 로마 입성에

성공했다. 그는 500만 유로의 임대료와 함께 한 시즌 임대 계약을 체결했다. 여기에는 1,500만 유로의 완전 이적 옵션도 포함되어 있었다. 살라는 등번호 11번을 배정받았다. 로마는 직전 시즌 피오렌티나에서 후반기 맹활약을 보여준 살라에 대한 기대감이 컸다. 이미 세리에 A 무대에서의 성공 사례가 있는 만큼 적응기 없이 무난하게 활약해줄 것을 기대했다.

로마의 기대대로 살라는 입단 직후부터 활약을 펼쳤다. 뤼디 가르시아 감독의 지휘 아래 시작부터 오른쪽 윙 선발로 기용된 살라는 9월 20일 리그 4라운드 사수올로전에서 데뷔골을 터트린 뒤 삼프도리아전, 카르피전까지 3경기 연속골을 기록했다. 자신감이 붙어서인지 살라의 플레이는 더 노련해졌다. 속도를 활용한 역습 시 돌파, 침투에 의한 골 이외에도 다양한 방법으로 골을 넣었다. 왼발 킥력이 좋아지고 위치 선정이 영리해지면서 왼발을 통한 중거리, 세컨볼 상황에서의 득점이 늘었다.

리그 7라운드 팔레르모전에서는 무득점에 그쳐 연속골 행진을 3경기에서 마쳐야 했지만 8라운드 엠폴리전에는 다시 골을 기록했다. 최근 5경기 4골, 이제 모두의 시선은 살라가 친정팀을 상대하게 되는 9라운드 피오렌티나전을 향했다. 여름 내내 마찰을 빚었던 피오렌티나 원정 경기에서 살라는 오른쪽 윙으로 선발 출전했다. 그리고 전반 7분 만에 박스 오른쪽 구석에서 반대 쪽을 향하는 왼발 중거리 슛으로 선제골을 기록했다. 살라에게 야유를 퍼붓던 스타디오 아르테미오 프란키가 순간 조용해졌다.

그래도 살라는 세레모니를 자제하며 친정팀을 향한 예의를 지켰다. 경기는 전반 34분 플로렌치의 도움을 받은 제르비뉴의 추가골까지 터지며 로마가 2-1로 승리했다. 로마는 피오렌티나전을 잘 마친 덕에 리그 4연승을 달렸다. 하지만 살라의 경기 마무리는 좋지 않았다. 후반 87분 오르사토 주심에게 연속으로 두 번의 경고를 받으며 퇴장을 당한 것이다.

살라는 후반 87분 상대를 압박하는 과정에서 팔을 쓰며 무리한 도전을 범했고 이 동작에 대해 경고를 받았다. 그리고 경고를 꺼낸 오르사토 주심에게 '왜 이런 걸로 경고를 주세요'라는 듯한 작은 제스처를 취하며 물러났다. 그런데 오르사토 주심은 이에 대해 엄격한 판정을 내렸다. 오르사토는 살라의 제스처가 자신의 판정에 불복하는 행동이라 여겼다. 그래서 첫 번째 경고가 꺼내진 10초도 지나지 않아 두 번째 경고가 발급됐다.

경기 후 오르사토 주심의 판정은 논란이 됐다. 로마의 뤼디 가르시아 감독은 경기 후 인터뷰에서 "판정이 너무 가혹하다. 그는 별다른 제스처를 취하지 않았다. 비속어를 했냐고? 전혀. 그는 아직 이탈리어를 할 줄 몰라서 아무 말도 하지 않았다"라고 말했다. 이어서 뤼디 가르시아는 "친정팀과의 경기를 앞두고 지난 며칠 간 살라는 심한 모욕을 당했다. 만약 이번 상황에서 살라가 퇴장을 받아야 한다면, 살라를 모욕한 많은 사람들에게도 퇴장이 내려져야 한다"라고 주장했다.

뤼디 가르시아 감독의 위기

퇴장 징계로 인해 살라가 결장했는데도 로마의 상승세는 계속됐다. 로마는 10라운드 우디네세전도 3-1로 완승을 거두며 리그 5연승을 달렸다. 하지만 챔피언스리그에서는 부진을 면치 못했다. E조에서 바르셀로나, 바테 보리소프, 레버쿠젠과 한 조를 이룬 로마는 초반 3경기에서 1승도 거두지 못했다. 3경기 2무 1패 중 1패는 바테 보리소프 원정에서 당한 2-3 패배여서 충격이 컸다. 그들은 전반 30분 만에 3실점을 허용했고 후반 66분까지 바테 보리소프에게 0-3으로 끌려다녔다.

설상가상으로 살라가 발목 부상을 당하면서 로마의 성적은 곤두박질쳤다. 살라가 징계에서 돌아온 11라운드 인터전에서 0-1로 패하며 리그 선두 자리를 내준 로마는 12라운드 라치오전 도중 살라가 발목 부상을 당하며 큰 위기를 맞았다. 살라가 발목 부상으로 빠진 3경기에서 로마는 볼로냐, 아탈란타, 토리노를 상대로 2무 1패를 기록했다. 로마의 순위는 순식간에 1위에서 4위로 내려왔다. 자연스럽게 뤼디 가르시아 감독을 향한 거센 비판이 일었다. 이미 가르시아 감독은 4-3-3 전술의 고집과 경직된 선수단 운용으로 인해 플랜 B가 없다는 비판을 받고 있었다. 이번 시즌에도 초반의 상승세를 오래 이어가지 못하자 감독의 한계 때문에 그렇다는 반응이 쏟아졌다. 이미 세리에 A 준우승을 거둔 2013-14시즌 이후로 평가가 지속적으로 하락하고 있던 그의 입지는 점점 위기를 맞고 있었다. 다행히 챔피언스리그에서는 16강 진출에 성공하며 위기를 모면했다. 살라의 활약이 결정적이었다. 살라는 11월 4일에 열린 레버쿠젠과의 E조 조별리그 4차전에서 1골 1도움을 기록했다. 살라의 활약에 힘입어 로마는 3-2 승리를 거뒀다. 이 승리가 E조 조별리그에서 로마가 거둔 유일한 승리였다.

로마는 1승 3무 2패로 레버쿠젠과 승점 동률 상태였다. 하지만 살라의 활약 덕에 이긴 레버쿠젠전 덕에 승자승 전적 (1승 1무)을 앞서면서 조 2위로 16강에 진출했다. 살라의 활약이 챔피언스리그 탈락 위기에 빠진 팀과 경질 위기의 감독을 구한 것이다.

하지만 이후로는 로마도, 살라도 부진을 면치 못했다. 살라는 레버쿠젠전 이후 계속 공격 포인트를 기록하지 못했다. 발목 부상의 여파 때문인지 복귀 후 경기력 자체가 떨어졌다. 살라가 부상으로 빠진 리그 3경기에서 2무 1패로 부진했던 로마는 살라가 복귀한 16라운드 나폴리전부터 19라운드 밀란전까지 1승 3무의 성적을 거뒀다. 순위는 5위로 하락했다. 결국 밀란전 1−1 무승부를 마지막으로 뤼디 가르시아 감독은 경질되었다.

로마와 살라를 구한 스팔레티 효과

로마의 새 감독은 루치아노 스팔레티였다. 스팔레티는 2009년 이후 7년 만에 로마 감독직에 복귀했다.

2005년부터 2010년까지 로마를 지휘했던 그는 수비 위주의 로마를 공격 위주의 팀으로 탈바꿈시켰고 토티의 가짜 9번 전술을 만들어내기도 했다. 그는 세리에 A 11연승, 2년 연속 챔피언스리그 8강 진출, 코파이탈리아 2년 연속 우승 등의 업적을 달성했다. 뤼디 가르시아 감독의 부진으로 위기에 빠졌던 로마는 무직 상태이던 스팔레티 감독을 다시 불렀다. 스팔레티가 부임한 첫 두 경기에서 로마는 20라운드 헬라스 베로나전 1−1 무, 21라운드 유벤투스전에서 0−1 패를 기록했다. 살라의 공격 포인트는 어느덧 8경기째 나오지 않았다. 하지만 23라운드 사수올로전에서 골을 기록하며 부진을 씻어냈고 이후 리그 6경기에서 6골 3도움을 기록하며 부활을 알렸다. 이 기간 동안 팀도 22라운드 프로시노네전부터 29라운드 우디네세전까지 8연승을 달리며 3위에 올라갔다.

챔피언스리그 16강 상대는 레알 마드리드였다. 공교롭게도 두 팀 모두 조별리그 때의 감독을 토너먼트를 앞두고 바꾼 상태에서 만났다. 로마는 가르시아 대신 스팔레티를 선임했고, 레알 마드리드는 라파엘 베니테즈를 대신해

지네딘 지단이 새롭게 부임했다. 살라는 레알과 1, 2차전에 모두 선발로 출전했지만 득점엔 실패했다. 팀은 한 골도 넣지 못한 채 합계 점수 0-4로 무너지며 탈락했다. 하지만 살라의 경기 내용은 인상적이었다. 그는 레알 수비의 뒷 공간을 공략하며 좋은 움직임을 보였고 득점 찬스를 잡기까지 했다. 결정력이 부족해 기회를 살리진 못했지만 인상을 남기기엔 충분했다. 당시 레알 마드리드 감독이었던 지네딘 지단은 훗날 매체에서 "살라는 굉장히 훌륭한 선수다. 로마에 있을 때부터 엄청난 경기력을 보여줬다. 다른 팀 선수에 대해 말을 아끼는 편이지만 살라는 예외다" 라며 칭찬을 아끼지 않았다.

살라의 활약은 리그에서 이어졌다. 다시 한 번 친정팀 피오렌티나를 만나 골을 기록했는데 2골 1도움을 기록하며 4-1 대승에 기여했다. 후반기 살라는 오른쪽에서 왼쪽으로 들여오며 반대쪽을 향해 때리는 특유의 왼발 중거리 슛과 침투 후 골키퍼와의 1대 1 찬스를 만든 뒤 시도하는 슈팅 등 다양한 패턴을 살려 골을 기록했다. 스팔레티 부임 후 팀 경기력이 올라오면서 동료와 짧은 패스 연계를 주고받은 뒤

터트리는 득점도 늘어났다.

팀적으로 스팔레티 부임 효과는 상당했다. 로마는 스팔레티의 부임 후 두 번째 경기였던 1월 24일 21라운드 유벤투스전 이후 17경기에서 무패를 기록하며 시즌을 마쳤다. 스팔레티가 부임한 후 거둔 후반기 리그 성적은 19경기 14승 4무 1패였다. 로마는 최종 순위 3위로 다음 시즌 챔피언스리그 최종 예선 진출 티켓을 땄다. 팬들은 돌아온 스팔레티에게 칭찬을 아끼지 않았다.

살라도 전체 대회 42경기에서 15골 7도움을 기록하며 맹활약했다. 리그에서는 14골을 터트렸고 가르시아의 문제와 부상 여파로 인해 중반기 팀과 함께 부진에 빠졌던 기간을 제외하면 꾸준한 활약을 보였다. 피오렌티나에서의 반년 활약이 우연이 아니었음을 입증했다. 세리에 A에서 성공가도를 달리던 살라는 2015-16시즌이 끝난 뒤 로마 올해의 선수상을 받았다.

로마로의 완전 이적

좋은 활약을 보여준 살라는 2016년 여름, 로마로의 완전
이적을 확정했다. 그는 두 번째 시즌에 더 파괴적인 모습을
보였다. 하지만 팀은 최종 예선에서 포르투에 패하며
챔피언스리그 본선 진출에는 실패했다. 유로파리그로 떨어진
로마는 빅토리아 플젠, 아스트라 지우르지우, 아우스트리아
빈과 같은 E조에 편성됐다. 다소 수월한 조 편성 덕에 살라도
적은 출전 시간을 부여받으며 1골 1도움의 활약을 남겼고
팀은 3승 3무로 무난하게 1위를 차지했다.

리그 개막전인 우디네세전부터 골을 넣은 살라는 5라운드
크로토네전까지 3골 2도움으로 좋은 출발을 알렸다.

8라운드 나폴리전부터 팔레르모, 사수올로를 상대로 2골
3도움을 기록하며 3경기 연속 공격 포인트를 기록하기도
했다. 살라의 경기 영향력은 상당했다. 아래로 내려와서 볼을
받아준 뒤 드리블 및 연계를 통해 팀의 공격 전진 작업을
도왔다. 살라에 대한 견제가 심해진 만큼 오히려 살라를
활용한 공간 창출을 바탕으로 팀원들의 공격이 다양하게
풀리기도 했다. 영리한 움직임, 위치 선정을 통한 기회 포착
횟수도 점점 늘었다.

결정력에 기복이 있긴 했지만 살라는 비교적 꾸준히 스탯을
쌓았다. 12라운드 볼로냐전에서는 살라의 클럽 커리어에서
최초 해트트릭을 달성했다. 살라의 활약에 힘입어 팀은
3-0으로 승리했다. 승승장구하던 로마는 1위 유벤투스를
계속해서 추격했다. 살라가 활약했던 7라운드 인테르전부터
12라운드 볼로냐전까지 로마는 5승 1무를 기록했다.
이 기간 동안 살라는 클럽팀 일정과 대표팀 일정을 병행하며
꾸준히 득점을 신고했다.

하지만 한동안 클럽팀에서 살라의 득점 행진은 멈출 수밖에
없었다. 부상과 네이션스컵 차출 때문이었다. 살라는 발목
인대 파열로 인해 12월 초중순 일정을 결장했고 이로 인해
복귀 직후 치른 12월 리그 2경기에서는 공격 포인트를
기록하지 못했다. 1월에는 네이션스컵 일정 소화로 인해
한 달 동안 클럽팀 일정을 소화하지 못했다.

2월 12일 24라운드 크로토네전에서 돌아오자마자 2개의
도움을 기록했고 25라운드 토리노전에서는 복귀골을
터트렸다. 중간에 교체로 출전한 비야레알과의 유로파리그
32강 1차전에서는 1도움을 기록하며 팀의 4-0 대승을 함께
했다. 하지만 로마는 살라의 1, 2차전 출전에도 불구하고
16강에서 리옹을 만나 합계 점수 4-5로 패하며 8강 진출에
실패했다.

살라는 3월 19일 29라운드 사수올로전부터 리그가 끝날 때까지 10경기에서 6골 6도움을 기록하며 마지막 불꽃을 태웠다. 하지만 로마는 당시 챔피언스리그 준우승을 차지한 유벤투스를 넘지 못했다. 로마는 승점 4점 차로 2위에 머물렀다. 그래도 살라는 전체 대회 40경기 19골 15도움으로 직전 시즌보다 향상된 결정력, 동료 지원 능력을 보여줬다. 5-3-2 전술을 쓸 때는 투톱의 처진 공격수 역할을 소화하기도 했다. 살라라는 선수의 육각형이 커지자 상당한 구단들이 후반기부터 살라의 영입을 원했다. 5월 28일에 열린 38라운드 제노아전에서 살라는 팀의 주장 프란체스코 토티에게 은퇴 전 마지막 출전 기회를 주기 위해 54분에 교체 아웃됐다. 이 경기는 프란체스코 토티의 현역 마지막 경기이기도 했지만, 모하메드 살라의 AS로마 소속 마지막 경기이기도 했다. 살라는 2017년 CAF 올해의 선수 상을 받으며 기량을 인정받았다.

이르게 찾아온 로마와의 이별

살라와 로마의 이별은 생각보다 일찍 찾아왔다. 로마의 재정 문제 때문이었다. 로마는 2016-17시즌 초반에 최종 예선에서 포르투에 패하며 챔피언스리그 본선 진출이 좌절됐다. 이 때의 결과가 나비효과가 됐다. 챔피언스리그 진출 실패로 인해 로마의 수익은 크게 감소했고 이로 인해 적자 폭이 늘어났다. 재정 위기가 찾아온 로마는 어쩔 수 없이 주축 선수 판매를 단행해야 했다.
이때 프리미어리그로 진출한 두 명의 주축 선수가 안토니오 뤼디거와 모하메드 살라다. 안토니오 뤼디거는 첼시로, 모하메드 살라는 리버풀로 이적하면서 경쟁하게 됐다. 2017년 4월 로마의 단장으로 부임한 몬치가 이적을 총괄했다. 훗날 살라가 리버풀에서 역대급 활약을 펼치자 몬치는 "FFP를 지켜야 했기 때문에 살라의 판매는 어쩔 수 없었다"라고 말했다.
로마는 살라와의 이별이 뼈아플 수밖에 없었다. 레전드 토티 마저도 높게 평가한 선수가 살라였기 때문이다. 토티는 훗날 살라에 대해 "세계에 많은 대단한 선수들 중에서도 차원이 다른 선수다. 살라는 큰 경기에서 차이를 만들 수 있다. 리버풀이 챔피언스리그 우승 후보에서 제외될 수 없는 이유다"라고 말했다. 이어서 그는 "리버풀은 챔피언스리그 에서 더 강한 팀들을 상대해야 한다. 하지만 살라 정도 되는 선수를 보유하면 어떤 일이건 가능하다"라고 칭찬했다.

02

이집트의 킹,
신이라 불린 사나이

리버풀 2017-18

살라 영입을 위한 두 번째 도전

로마가 살라 판매에 열려 있는 모습을 보이자 리버풀이 적극적으로 뛰어들었다.
이미 리버풀은 2013-14시즌 겨울 이적시장 때도 살라 영입에 관심이 있었다.
당시 리버풀은 첼시와 똑같은 1,100만 파운드의 이적료를 제시하며 경쟁했다.
바젤이 두 구단의 제안을 모두 수락했기 때문에 남은 건 살라의 선택이었다.
하지만 살라가 첼시를 선택하면서 리버풀은 영입 경쟁에서 패하고 말았다.
2017년 여름, 리버풀은 위르겐 클롭 감독이 부임한 뒤 세 번째 시즌을 맞이했다.
클롭이 선호하는 빠른 역습과 강한 압박의 팀 컬러는 팀에 고스란히 입혀져
있었다. 리버풀은 클롭의 적극적인 전술에 살라의 플레이 스타일이 적합하다고
믿었다. 살라는 로마 시절부터 빠른 발을 활용해 역습을 주도하는 능력, 적극적인
압박으로 상대를 방해하는 능력으로 정평이 나있었기 때문이다. 오히려 전임
감독인 브랜던 로저스보다 위르겐 클롭의 전술이 살라와의 시너지를 내는 데
유리한 면도 많았다.
챔피언스리그 진출을 앞두고 선수단 보강을 할 필요성도 커졌다. 클롭 감독
부임 후 리버풀은 2015-16시즌 EFL컵과 유로파리그에서 준우승을 차지하며
인상적으로 출발했다. 두 번째 시즌인 2016-17시즌엔 프리미어리그에서 4위를
기록하며 챔피언스리그 진출에 성공했다. 당시 왼쪽 쿠티뉴, 오른쪽 마네로
좌우 윙 선발을 구성했던 리버풀은 공격진 보강을 위해 살라를 원하고 있었다.

살라의 영입은 매우 빠르게 진행됐다. 2017년 6월 22일, 리버풀의 살라 영입이 공식 발표됐다. 이적료는 기본 3,690만 파운드에 옵션 700만 파운드가 붙는 형식이었다. 리버풀의 기존 클럽 레코드는 3,500만 파운드의 이적료를 기록했던 2012년의 앤디 캐롤이었다. 살라는 리버풀 역사상 최고 이적료를 기록하며 클럽레코드 기록을 갈아치웠고 리버풀 구단 역사상 최초의 이집트 선수가 되었다. 그는 동시에 이집트 선수 역사상 최고 이적료 기록도 세웠다. 등번호는 크리스티안 벤테케의 이적으로 비어있던 9번을 달 것이란 루머가 있었다. 로마 때 달았던 11번의 주인공이 호베르투 피르미누였기 때문이다. 하지만 피르미누가 11번을 양보하며 9번을 달았고 살라는 로마 시절에 이어 11번의 등번호를 받았다. 살라는 입단 후 인터뷰에서 "리버풀은 빅클럽이다. 리버풀을 더 좋은 방향으로 발전시키고 싶다. 클롭과 함께 하는 것이 기대된다. 많은 팬들의 사랑을 느낄 수 있는 구단에 온 것이 행복하다"고 소감을 밝혔다.

초반엔 우려됐던 득점력

하지만 리버풀 팬들 중 대부분은 살라에 대한 우려의 시선이 가득했다. 빠른 발을 활용한 드리블, 공간 침투는 좋으나 결정력에 기복이 있었기 때문이다. 특히 프리미어리그에서 실패한 적이 있었던 만큼 적응에 오랜 시간이 필요할 거라는 예상이 많았다. 언론에서도 첼시 시절과 세리에 A 활약 시절을 종합해 부족한 세밀함이 또 한 번 발목을 잡을 것 같다는 반응이 나왔다.

살라는 기자들로부터도 프리미어리그 재도전에 대한 질문을 받았다. 살라는 "프리미어리그에서 뛴 경험이 있는 건 큰 도움이 될 것이다. 돌아오게 되어 행복하다. 그동안 더 나은 선수가 되었다. 어렸을 때와 비교하면 모든 게 달라졌다. 첼시, 피오렌티나, 로마에서 많은 경험을 쌓고 왔기 때문이다"라고 자신감을 내비쳤다. 하지만 그의 말에도 불구하고 한동안 살라의 성공 가능성에 대한 우려는 지속해서 나왔다. 살라는 7월 프리시즌 위건전에 처음으로 출전해 데뷔골을 넣으며 팬들로부터 눈도장을 찍었다. 이어서 홍콩에서 열린 프리미어리그 아시아 트로피 대회에서는 레스터를 상대로 골을 넣었다. 두 골 모두 팀이 지고 있을 때 넣은

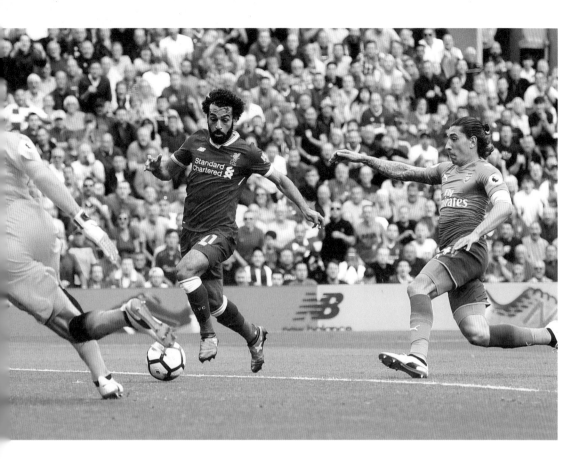

동점골이었다. 이어서 베를린전, 뮌헨전까지 추가로 골을 터트리면서 프리시즌 4경기 연속골을 달성했다. 결정력에 대한 우려가 조금은 씻기는 듯했다.

살라는 2017년 8월 12일 왓포드와의 프리미어리그 개막 라운드에서 리버풀 데뷔전 데뷔골을 넣었다. 2014년 4월 5일 스토크전 이후 1,226일 만에 터진 프리미어리그 골이자 자신의 프리미어리그 3호 골이었다. 롱패스를 받은 피르미누가 골키퍼와의 1대 1 찬스에서 띄워 올린 공을 살라가 몸을 던져 마무리했다. 팀은 막판에 터진 미겔 브리토스의 헤더골로 3-3 무승부에 만족했지만, 살라의 시즌 출발은 좋았다. 이 골이 살라 전설의 시작이었다. 챔피언스리그 최종 예선에서는 호펜하임을 상대로 홈 2차전에서 골을 기록했다. 이 골은 살라가 터트린 안 필드에서의 첫 골이었다. 베이날둠의 슈팅이 골대를 맞고 나온 것을 골문 바로 앞에 있던 살라가 침착하게 마무리했다. 3일 뒤에 치른 홈 아스날전에서도 1골 1도움을 기록했다. 살라는 역습 상황에서 인상을 남겼다. 센터 서클보다 한참 아래에서 아스날의 엑토르 벨레린으로부터 볼을 탈취한 살라는 그대로 체흐 골키퍼만

있는 상대 골대까지 60~70m를 혼자 치고 들어가 왼발로 기회를 마무리했다.

아스날 수비수들은 살라를 쫓아가지 못했다. 발이 매우 빠르기로 유명했던 벨레린은 살라에게 달라붙는 것조차 실패했다. 살라는 벨레린에게 볼을 낚아챌 때부터 슈팅까지 무려 23번의 보폭을 가져갔다. 같은 거리 마네는 18번, 코클랭과 엠레 잔은 16번의 보폭이 기록됐다. 보폭을 많이 가져간 건 그만큼 잔발 스텝을 자주 쓴다는 뜻이다. 잔발을 많이 밟을수록 선수의 속도에는 가속력이 붙게 된다. 살라는 이 원리를 활용하기 위해 아스날전에도 잔발을 끊임없이 밟으며 마지막 순간까지 속도를 이어갔다.

이 시기 살라의 플레이에는 아쉬운 점도 있었다. 8월에 선발로 나온 왓포드전, 호펜하임전, 아스날전에서 살라는 아직 동료와의 호흡이 잘 맞지 않는 모습을 보였다. 기회를 잡은 횟수에 비하면 놓치는 기회가 너무 많았다. 전체적인 결정력은 아쉬웠다. 하지만 결과적으로 선발로 뛴 경기마다 골을 기록했다는 점은 긍정할 만했다. 팬들도 좋게 봤는지 살라는 팬들의 투표에 힘입어 리버풀 8월의 선수로 선정됐다.

살라는 9월에도 골 찬스를 많이 놓치긴 했지만, 점점
골 기록이 늘어났으며, 동료들과의 호흡도 좋아졌고,
결정력도 향상되었다.

이때 살라가 속도 못지 않게 인상을 남긴 대목이 있다.
웬만한 수비수와의 경합에서도 밀리지 않은 피지컬이었다.
근육으로 이루어진 상체로 상대 수비를 등지는 플레이를
즐겨했던 살라는 안정적인 볼 간수와 부드러운 턴 동작을
보여줬다. 레스터전에서는 자신보다 체격이 큰 해리
매과이어를 상대로 등진 상황에서의 경합을 밀리지 않을
정도였다. 동료 선수 중에선 트렌트 알렉산더아놀드와의
호흡이 좋았다. 데뷔 초였던 아놀드와 오른쪽에서 함께
호흡을 맞추며 리버풀의 공격을 이끌었다.

팀 리버풀의 초반 부진

살라의 성적과는 별개로, 팀 리버풀은 쉽지 않은 시즌을
보내고 있었다. 특히, 수비가 불안정했다. 4라운드 맨시티전
에서는 수비가 무너지며, 0-5로 대패했으며, 그 이후 리그
5경기에서 1승 3무 1패를 기록했다.

다행히 10라운드 허더즈필드전에서 3-0으로 승리한 뒤부터
리버풀은 상승세를 탔다. 그들은 23라운드 맨시티전까지
14경기 무패를 달렸다. 챔피언스리그에서는 조별리그
3, 4차전 마리보르전에서 2승을 따낸 뒤 5차전 세비야전
3-3 무, 6차전 스파르타크 모스크바전 7-0 대승으로
3승 3무의 성적을 거뒀다. 리버풀은 조 1위로 16강 진출에
성공했다.

이 기간 살라도 펄펄 날았다. 12라운드까지 치른 상황에서
토트넘의 케인, 맨시티의 제수스, 맨유의 루카쿠를 넘어
프리미어리그 최고의 골잡이로 떠올랐다. 놀라운 것은
이들 중 살라만 윙포워드라는 사실이다.

살라는 11라운드 웨스트햄전부터, 4경기 연속골을 넣으며
총 7골을 넣었다. 11월에 열린 리그 전 경기 득점에 성공한
것이다. 이런 활약을 바탕으로 리그 11월의 선수상, 리버풀
이 달의 선수상, PFA 팬들이 뽑은 11월의 선수상까지
받았다. 선수 한 명이 한 달에 받을 수 있는 최대 4개의
상 중 무려 3개를 쓸어담았다.

살라 효과와 리버풀의 상승세

12월 10일 에버튼과의 머지사이드 더비에서는 원더골을

터트렸다. 살라는 전반 42분 오른쪽 풀백 조 고메스의
패스를 받은 뒤 힘으로 쿠코 마르티나를 밀어내며 볼을
간수했다. 왼발 각도를 만들기 위해 골문 쪽으로 턴한
살라는 곧바로 중앙 미드필더 이드리사 게예를 제친 뒤
애슐리 윌리엄스가 붙기도 전에 반박자 빠르게 때린
슈팅으로 득점에 성공했다. 살라의 왼발을 떠난 공은 상당한
스핀이 걸리며 골문 오른쪽 그물로 빨려들어갔다.

이 골로 모하메드 살라는 2018 FIFA 푸스카스상을
수상했다. 푸스카스상은 한 해에 전 세계에서 나온 골 중
가장 멋진 골을 기록한 선수에게 수여하는 상이다. 살라는
팬 투표에서 1위를 차지하며 상의 자격을 얻었다. 물올랐던
살라의 2017-18시즌 폼을 말해주는 상징적인 장면이기도
하다.

하지만 살라의 수상을 비판하는 목소리도 있었다. 역대
푸스카스상 작품들에 비해 골 장면의 임팩트가 아쉽다는

반응이 있었고 '이 시기에 넣은 살라의 골 중에는 에버튼전보다 더 멋지게 넣은 골들이 많다'는 얘기도 나왔다. 팬 투표 결과가 100% 반영됐기 때문에 같은 종교를 믿는 무슬림들이 살라를 몰아준 것이 아니냐는 문제도 제기됐다. 결국 FIFA 푸스카스상은 다음 년도부터 축구 전문가 패널 투표와 팬 투표를 50% 비율로 합산하는 방식으로 제도를 바꿨다.

12월에 들어서도, 살라의 득점행진은 멈출줄 몰랐다. 살라의 득점 행진으로 인해, 진귀한 기록이 탄생했다. 프리미어리그 최초 원정 4경기 연속 3골차 이상 승리(웨스트햄 4-1, 스토크 3-0, 브라이튼 5-1, 본머스 4-0)를 거둔 것이다. 살라는 이 4경기에서 5골을 넣었다. 그리고 살라는 어느덧 리버풀 소속 26경기 동안 20골 고지를 달성했다.

리버풀은 9라운드에서 토트넘에 1-4로 패배한 이후 11경기 무패(7승 4무)를 거두며, 상승세를 이어갔다. 중요한

경기에서도 살라는 존재감을 드러냈다. 21라운드 레스터전에서는 전반에 이른 실점을 하며 끌려가던 경기를 2골을 넣으며 역전승을 만들었다.

맨시티에게 첫 패를 안기다

잉글랜드의 박싱데이는 유독 일정이 빡빡하다. 2~3일 간격으로 리그 경기가 진행되는 경우가 많다. 살라는 레스터전을 마치고 이틀 만에 치러진 1월 1일 번리전, 1월 5일 FA컵 에버튼전에서 휴식을 취했고 1월 14일 맨시티전에 선발로 출격했다. 선두 맨시티는 22라운드까지 20승 2무로 리그 무패를 달리고 있었다. 하지만 맨시티의 가장 큰 고비는 안 필드 원정이었다. 맨시티는 2003년 5월 2-1 승리 후 14년 동안 안 필드 원정에서 이긴 적이 없었다. 리버풀의 기세가 좋은 것도 부담이었다.

반면 리버풀에겐 복수의 의미가 있었다. 리버풀은 맨시티 원정에서 치른 직전 맞대결에서 0-5로 패했다. 시즌 초반이기 때문에 리버풀의 수비가 매우 불안했던 때였고 사디오 마네의 이른 시간 퇴장까지 나오면서 대량 실점을 면치 못했다. 클롭 감독은 분데스리가 시절부터 펩 과르디올라 감독과 바이에른 뮌헨 vs 도르트문트 구도로 라이벌이라 불렸다. 하지만 리버풀에서 당한 0-5 대패는 본인 입장에서도 자존심이 상할 만한 결과였다.

홈에서 승리를 원했던 리버풀은 전반 9분 만에 알렉스 옥슬레이드체임벌린의 득점으로 앞서갔다. 체임벌린은 속도와 피지컬을 앞세워 저돌적으로 볼을 몰고간 뒤 그대로 힘을 실어 시원한 중거리 슛을 시도했다. 이후 리로이 사네에게 동점골을 실점하며 1-1로 따라잡혔지만 리버풀은 전반 내내 공격을 펼치며 리그 무패팀 맨시티를 위협했다.

리버풀은 후반 59분부터 67분까지 8분 동안 연달아 3골을 터트렸다. 살라는 1골 1도움을 기록했다. 리버풀은 체임벌린의 패스를 받은 피르미누의 골, 살라의 패스를 받은 마네의 골로 3-1로 앞서고 있었다. 급해진 맨시티는 라인을 더 끌어올리며 적극적으로 수비했고 이 과정에서 에데르송이 나와서 처리한 공이 멀리가지 않자 이를 살라가 빈 골대를 향해 높게 띄워올려 마무리지었다. 살라의 왼발을 떠나 아름답게 포물선을 그리며 떠오른 공은 그대로 깔끔하게 맨시티 골문 안으로 들어갔다.

84분 베르나르도 실바, 91분 일카이 권도안에게 실점하여 4-3까지 추격당했지만 끝내 리버풀은 맨시티에게 시즌 첫 리그 패배를 안겼다. 맨시티의 리그 무패 기록은 22경기에서 끝났다. 무패를 달린 22경기에서 맨시티는 고작 13실점을 허용했다. 하지만 리버풀 원정에서는 한 경기에만 4실점을 내줬다. 리버풀은 전반기 0-5 완패의 기억을 확실히 복수하며 상승세를 이어갔다.

후반기 살라의 기록 대행진

맨시티를 격파한 리버풀은 정작 다음 경기에서 스완지에 발목을 잡혔다. 24라운드 스완지 원정에서 0-1로 패하며 리그 15경기 만에 무패가 깨졌다. 공교롭게도 이 경기는 버질 반다이크의 리버풀 이적 후 첫 리그 경기였다. 반다이크가 이 경기에서 부진했던 것은 아니지만 팀으로써 는 개운하지 못한 출발이었다. 하지만 반다이크의 합류로

리버풀의 수비는 빠르게 안정을 찾았다. 수비는 반다이크, 공격은 더 날카로워진 살라가 책임지며 후반기 상승세를 주도했다.

살라는 본인의 리버풀 소속 프리미어리그 출전 25경기 만에 20골을 달성했다. 이는 리버풀 구단 역사상 최단 기록이다. 종전 기록은 페르난도 토레스와 다니엘 스터리지가 기록한 27경기 20골이다. 살라는 26라운드 토트넘전에서 3분 만에 골을 기록하며 해당 기록을 달성했다. 살라는 이날 멀티골을 넣었는데 특히 91분에 넣은 두 번째 득점은 리오넬 메시 빙의 골로 화제가 됐다. 살라의 왼발 드리블에 토트넘 수비가 추풍낙엽처럼 벗겨진 장면이었다.

오른쪽 측면에서 볼을 잡은 살라가 먼저 시도했던 것은 크로스였다. 크로스가 상대를 맞고 튕겨나오자 살라는 팔을 높게 들며 '핸드볼 파울'을 어필했다. 그때 볼이 애매하게 튀었고 토트넘 선수들 두 명이 볼 위치를 잡지 못하면서 상황이 바뀌었다. 재빠르게 기회임을 눈치 챈 살라는 즉시 핸드볼 어필을 중단하고 가속력을 발휘하며 볼을 향해 빠르게 접근했다. 그리고 왼쪽, 오른쪽으로 두 번을 연달아 접으며 벤 데이비스, 델레 알리, 얀 베르통언을 모두 제쳤다. 위고 요리스가 뛰쳐나와 살라의 슈팅을 막으려 했지만 볼에 대한 접근이 빨랐던 건 살라였다. 순간 가속력이 워낙 좋았던 살라는 요리스가 나온 것을 보고 볼을 살짝 들어올려 득점했다. 살라의 가속력, 개인 드리블, 왼발 슈팅 능력이 빛난 골 장면이었다. 리오넬 메시의 기술과도 흡사한 부분이 많았다. 경기는 95분에 터진 해리 케인의 페널티킥 득점으로 2-2 무승부로 끝났지만, 살라의 멀티골 활약은 특별함이 있었다.

살라는 25라운드 허더즈필드전부터 26라운드 토트넘전 (2골), 27라운드 사우스햄튼전, 28라운드 웨스트햄전, 29라운드 뉴캐슬전에서 리그 5경기 연속골을 기록했다. 2월 14일에 열린 챔피언스리그 16강 포르투전에서도 1차전 원정에서 1골을 넣으며 팀의 5-0 대승을 함께 했다. 리버풀은 2차전에 대거 로테이션을 돌리며 0-0으로 비겼고 무난하게 8강에 진출했다. 포르투전 골로 살라는 전체 대회 30골을 넘겼다. 리버풀에서는 2013-14시즌 루이스 수아레스 이후 4년 여만에 생긴 일이었다. 28라운드 웨스트햄전에서 넣은 왼발 골은 그의 해당 시즌 리그 20번째 왼발 골이었다. 이로서 살라는 역대 프리미어리그 단일 시즌 기준 왼발로 가장 많은 골을 넣은 선수가 되었다. 리그 5경기 연속골, 전체 대회 기준으로는

7경기 연속골(FA컵 WBA전, 챔피언스리그 포르투전 포함)을
기록한 살라의 기세는 하늘을 찌를 듯했다. 그는 당당히
프리미어리그 2월의 선수상을 받았다.

31라운드 왓포드전에서는 프리미어리그 진출 후
첫 해트트릭을 기록했다. 무려 4골 1도움을 기록하며 팀이
넣은 5골에 모두 관여했다. 리버풀 소속으로 리그 1경기에서
4골 이상을 넣은 선수는 로비 파울러와 마이클 오언, 루이스
수아레스가 유일했다. 살라는 이 기록을 달성한 리버풀 역대
4번째 선수가 됐다. 게다가 전체 대회 36골을 달성하며
리버풀 데뷔 시즌 최다 득점 기록도 세웠다. 종전 기록은
페르난도 토레스가 가지고 있던 33골이었다.

클롭 감독은 살라에 대해 "매 경기에서 올림픽 100미터
결승 무대를 뛰는 것처럼 스프린트한다"라고 평가했다.
살라의 활약은 매 경기 최선을 다하는 그의 태도에서
나온다고 본 것이다. 스티븐 제라드는 "우리는 전설의
시작을 목격하고 있다"라고 살라를 칭찬했다. 이전 주장
제라드의 말처럼 살라는 전설적인 대기록에 한 걸음씩
다가가고 있었다.

프리미어리그 단일 시즌 최다 득점자

32라운드 팰리스전에서도 한 골을 기록하며 팀의 2-1
승리에 견인했다. 전체 대회 37골. 프리미어리그 출범 후
단일 시즌 이보다 많은 골을 넣은 리버풀 선수는 없었다.
종전 기록은 로비 파울러가 1995-96시즌에 세운
36골이었다. 3월 한 달에 열린 리그 4경기에서 6골 1도움을
기록한 살라는 프리미어리그 3월의 선수상을 받았다. 2월에
이어 두 달 연속 수상을 한 살라는 프리미어리그 단일 시즌
최초로 이 달의 선수상을 3번 받은 선수가 되었다.
두 달 연속 수상도 2015년 10월-11월에 제이미 바디
이후로 3년 만에 나온 일이었다.

34라운드 본머스전에도 골을 기록하며 프리미어리그
30골을 달성했다. 아프리칸 프리미어리거의 한 시즌 최다 골
기록도 경신했다. 종전 기록은 2009-10시즌에 디디에
드록바가 달성한 29골이었다. 드록바는 해당 시즌
프리미어리그 득점왕을 차지했다. 34라운드 본머스전까지
살라가 골을 넣은 프리미어리그 경기는 22경기였다.
종전 기록은 로빈 반 페르시, 크리스티아누 호날두가 기록한
21경기였다. 살라는 프리미어리그 출범 후 단일 시즌
최다 경기 득점의 기록도 세웠다. 살라는 35라운드

웨스트 브로미치전에서도 골을 기록하며 출전한 리그 4경기
연속골을 기록했다.

4월 22일, 살라는 PFA 올해의 팀, PFA 올해의 선수상,
리버풀 선수단 선정 올해의 선수를 석권했다. 4월 30일에는
FWA 올해의 선수상, PFA 팬 선정 올해의 선수상,
프리미어리그 사무국 선정 올해의 선수상을 받았다. 이로써
살라는 프리미어리그 선수에게 수여되는 모든 올해의
선수상을 싹쓸이했다. 리버풀이 PFA 올해의 선수를 배출한
것은 2013-14시즌 수아레스 이후 4년 만이었다.
이집트 선수 중에는 최초의 일이었다.

살라가 도전할 수 있는 마지막 기록은 38경기 조정 후
프리미어리그 단일 시즌 최다 득점이었다. 1992년 여름에
출범한 프리미어리그는 1994-95시즌까지 22팀이
참가했다. 당시 경기 수는 42경기였다. 그래서 프리미어리그
역대 단일 시즌 최다 득점 기록은 1993-94시즌의 앤디 콜
(34골/뉴캐슬)과 1994-95시즌의 앨런 시어러(34골/블랙번)
가 가지고 있다. 1995-96시즌부터 프리미어리그는
38경기로 경기 수가 조정됐다. 42경기 때의 득점과 38경기
때의 득점을 같은 기준으로 비교할 수 없으니 '38경기 조정

후 단일 시즌 최다 득점'기록을 세우는 것도 상당한 의미가 있는 일이었다.

종전 기록은 1995–96 앨런 시어러(블랙번), 2007–08 크리스티아누 호날두(맨유), 2013–14 루이스 수아레스가 기록했던 31골이었다. 살라는 35라운드 웨스트 브로미치전의 골로 리그 31골을 득점하며 이들과 타이를 이루었다. 하지만 36라운드 스토크시티전과 37라운드 첼시전에서 침묵했다. 팀도 웨스트 브로미치전부터 3경기 무승에 빠졌다. 후반기 챔피언스리그 병행으로 인한 체력적인 문제가 발생하면서 기세가 꺾인 것이다.

살라에게도, 리버풀에게도 38라운드 브라이튼전이 중요해졌다. 살라는 브라이튼전에 골을 넣어야 38경기 조정 후 프리미어리그 단일 시즌 최다 득점 기록을 세울 수 있었다. 리버풀은 브라이튼전을 패하고 첼시가 뉴캐슬을 잡는 결과가 나오면 5위로 밀려나는 상황이었다. 챔피언스리그 본선 진출권이 걸린 4위 자리를 지키기 위해 브라이튼전은 반드시 승리가 필요했다.

전반 26분, 그토록 기다렸던 선제골이 살라의 발 끝에서 나왔다. 도미닉 솔랑키가 빠르게 연결해준 공이 루이스

덩크를 맞고 굴절되며 속도가 줄어들었고 이를 살라가 몸을 돌리면서 왼발로 마무리했다. 굴절이 되면서 어려워진 상황을 오히려 빠른 슈팅 타이밍으로 마무리지었다. 몸을 돌리면서도 슈팅에 힘이 제대로 실렸던 만큼 낮게 깔린 슈팅은 빠르게 구석으로 향했고 매슈 라이언 골키퍼는 손도 쓰지 못한 채 당하고 말았다.

살라는 리그 32호 골을 득점했다. '38경기 조정 후 프리미어리그 단일 시즌 최다 득점'의 역사가 새로 쓰인 순간이었다. 리버풀은 전반 40분 데얀 로브렌의 추가골이 터지면서 승기를 잡았다. 후반 53분에는 살라가 솔랑키를 도와줬다. 살라가 수비를 끌어당기며 드리블을 친 뒤 반대 방향으로 침투하던 솔랑키에게 패스를 줬고 솔랑키는 골대 상단으로 강한 슈팅을 때리며 골을 넣었다.

리그 10번째 도움을 기록한 살라는 2017–18시즌 10–10 가입에 성공했다. 리버풀은 4–0으로 승리하며 4위 자리를 지켰고 다음 시즌 챔피언스리그 본선 진출권을 따냈다.

어느때보다 치열했던

득점왕경쟁

살라는 11월 4경기에서 7골을 넣으며 미친 폼을 보여줬다. 득점 선두 자리도 살라의 몫이었다. 하지만 12월 초 중반에는 잠시 페이스가 떨어진 듯 보였다. 12월 2일 브라이튼전부터 12월 26일 스완지전까지 6경기 3골을 넣는 데 그쳤기 때문이다. 반대로 이때 케인은 두 경기 연속 해트트릭을 달성하면서 순식간에 살라의 득점 1위 자리를 탈환했다. 살라와 케인은 끝까지 엎치락 뒤치락하며 역대급 득점왕 경쟁을 벌였다. 살라가 32골로 리그 득점왕에 올랐지만, 2위 해리 케인도 30골을 넣은 시즌이었다. 2022년 여름 기준 해리 케인이 가장 많은 골을 넣었던 시즌이 2017-18시즌이었다. 그만큼 두 선수의 득점왕 경쟁은 역대급이었다. 두 선수의 라운드 별 득점 표를 비교해보면 더 그렇다. 살라의 32골 기록과 득점왕은 그래서 더 의미가 크다.

SALAH 32 GOALS — KANE 30 GOALS

SALAH	SALAH goals	ROUND	KANE goals	KANE
1	♔	1 ROUND		0
1	♦			0
2	♔			0
2			♔♔	2
3	♔			2
4	♔		♔♔	4
4			♔♔	6
4				6
5	♔		♔♔	8
5				8
7	♔♔			8
9	♔♔			8
10	♔		♔	9
12	♔♔		♔	10
12				10
13	♔		♔♔	12
13				12
14	♔			12
15	♔		♔♔♔	15
15				18
17	♔♔			18
17				18
18	♔		♔♔	20
18			♔	21
19	♔			21
21	♔♔		♔	22
22	♔		♔	23
23	♔		♔	24
24	♔			24
24				24
28	♔♔♔♔		♔	25
29	♔			25
29			♔	26
30	♔			26
31	♔		♔	27
31			♔	28
31				28
32	♔	38 ROUND	♔♔	30

G⬡ALS

38경기 조정 이후 PL 단일 시즌 최다 득점자 ▶ 32골
이전 기록 : 31골 - 앨런 시어러, 크리스티아누 호날두, 루이스 수아레스

PL 최초로 단일 시즌 3팀의 팀 득점보다 많은 개인 득점 달성 ▶ 32골
31골 - WBA, 28골 - 스완지, 28골 - 허더즈필드

PL 출범 이후 단일 시즌 최다 경기 득점자 ▶ 24경기
이전 기록 : 21경기 - 로빈 반 페르시, 크리스티아누 호날두

24

PL 출범 이후 단일 시즌 최다 팀 상대 득점 ▶ 17팀
타이 기록 : 이안 라이트, 로빈 반 페르시

17

아프리칸 프리미어리거 최초 PL 단일 시즌 30골 기록

리버풀 데뷔 시즌 최다 득점자 ▶ 44골(전체 대회)
이전 기록 : 33골 - 페르난도 토레스

리버풀 1부 리그 단일 시즌 최다 득점 타이 ▶ 32골
타이 기록 : 이안 러시

전반기 리버풀 최다 득점자 ▶ 23골(새해 전까지)
타이 기록 : 로저 헌트

23

PL 출범 이후 리버풀 단일 시즌 최다 득점자 ▶ 44골(전체 대회)
이전 기록 : 36골 - 로비 파울러

리버풀 챔피언스 단일 시즌 최다 득점 기록 ▶ 11골

11

타이 기록 : 호베르투 피르미누

살라가 깬 기록들

32

32

30

44

32

44

살라의 축구 비결은?

살라의 장점 중 첫 번째는 속도다. 3라운드 아스날전에서 살라는 벨레린의 퍼스트 터치가 튀자 이를 바로 낚아 채 센터 서클 아래 지점에서부터 상대 골문까지 홀로 볼을 운반한 뒤 득점했다. 벨레린을 포함한 아스날 수비수들은 살라에게 가까이 가지도 못했다. 왜 그랬을까? 살라는 벨레린으로부터 볼을 낚아챌 때부터 슈팅을 기록할 때까지 무려 23번의 보폭을 가져갔다. 잔발을 많이 사용해 그라운드를 더 빨리, 더 많이 밟으며 가속력이 붙으니 누구도 따라가기 힘든 압도적인 속도가 나오는 것이다.

비슷한 장면은 9라운드 토트넘전에서도 나왔다. 헨더슨의 스루 패스를 받기 위해 살라가 침투할 때 보폭은 20회가 찍혔다. 쫓아붙던 얀 베르통언은 14회, 세르쥬 오리에는 17회가 기록된 것과 대조적이다. 살라는 가속을 낼 때도, 속도가 붙어있을 때도 일정하게 잔발을 많이 밟는다. 그래서 시작부터 끝까지 빠른 속도가 유지된다. 살라의 경기 중 최고 속도 기록은 무려 34.95km/h다. 잔발을 활용해 좁은 공간에서는 더 많은 볼 터치를 가져가는 편이며 이로 인해 살라의 박스 안 터치는 많은 횟수가 기록된다.

침투와 뒷 공간 깨기를 무기로 삼는 살라에게 이러한 플레이 스타일은 큰 무기가 된다. 잔발을 많이 밟으면 순간적인 방향 전환과 가속에도 이점이 있기 때문이다. 볼에 대해 더 빠르게 도전하거나 상대를 속여내는 오프 더 볼 움직임을 가져갈 때 이롭다. 게다가 가속에 자신감이 있으니 속도 완급 조절도 유연해진다. 방향과 속도에 변칙을 주며 상대의 예측 및 태클 타이밍을 뺏어내기 때문에 위력적인 드리블이 가능하다.

속도 외에도 살라의 장점은 다양하다. 그 중에서는 전방 압박 시 드러나는 왕성한 활동량을 꼽을 수 있다. 상대를 압박할 때 살라의 반응 속도는 굉장히 빠르다. 볼을 빼앗기자마자 속도를 살려 압박하는 살라의 모습은 수비수에게 위협을 주기 충분하다. 슈팅 타이밍이 간결하다는 점도 포인트다. 사실 결정력은 일정하지 않은 편이지만, 되도록 슈팅 타이밍을 간결하게 잡기 때문에 득점이 어려운 상황에서도 골을 터트릴 힘이 있는 것이 포인트다.

'00 메시' 타이틀을 가지고 있는 선수 중 모하메드 살라를 가장 성공한 인물로 꼽는 경우가 많다. 실제로 살라는 이들 중 가장 성공적인 경력을 가지고 있다. 리오넬 메시와도 제법 흡사한 면이 많다. 메시와 살라의 비슷한 점은 자세와 연계, 체형 등을 꼽을 수 있다. 살라는 머리와 상체를 굽히지 않고 늘 펴진 채로 자세를 유지한다. 상체가 펴져 있기 때문에 시야가 확보되고 상체

를 효과적으로 제어할 수 있다. 살라는 이를 활용해 플레이 패턴과 방향을 다양하게 가져가며 다음 플레이 방향을 수비에게 읽히지 않을 수 있다. 연계 능력을 메시와 직접적으로 비교할 순 없겠지만 선호하는 연계 스타일에서 비슷한 면이 있다. 살라와 메시 모두 동료를 활용한 연계를 선호하며 왼발을 활용한 반대로의 빠른 전환을 자주 한다. 왼발 패스의 구질이 다양하다. '00 메시'라 불리는 선수들 중 살라의 왼발 패스 구질이 가장 많을 것이다. 살라의 플레이에서도 아웃프런트 패스로 동료에게 빠르게 넘겨주는 패스를 자주 볼 수 있다. 이를 무기로 살라는 프리미어리그에서 단일 시즌 두 자릿 수가 넘는 도움을 자주 기록 중이다.

체형도 비슷한 면이 많다. 키가 크진 않은 편인데 무게 중심이 낮고 그래서 신체 밸런스가 매우 좋다. 살라는 상대 수비수보다 자신의 키가 크지 않은 것을 제대로 활용한다. 키가 작을 수록 몸이 더 그라운드에 가깝기 때문에 잔발 스텝을 밟기 좋고 볼을 자주 만지는 플레이도 가능하다. 살라는 이 점을 활용해 드리블 및 오프 더 볼의 빠른 방향 전환을 자주 활용한다. 메시도 상대 수비보다 키가 작은 부분을 효과적으로 활용한다는 점에서 비슷한 공통점이 있다.

살라의 체형을 더 세부적으로 보면 근육이 많이 붙은 체형이다. 어깨가 단단하고 근육이 균형 있게 갖춰져 있다. 첼시 때와 비교해 살라의 활약이 리버풀에서 살아난 이유에는 근육의 유무도 있는 듯 보인다. 근육이 많으면 무게 중심이 낮아져 경합에 힘이 붙고 치고 나가는 탄력도 더 붙기 때문이다.

첼시 때는 무게 중심이 높아 경합에서 밀리는 경우가 많았고 드리블 후 슈팅을 가져갈 때마다 킥의 임팩트가 제대로 되지 않았다. 하지만 리버풀에서는 밸런스가 좋아 경합에 대한 여유가 생겼고 드리블 후 빠른 타이밍에 슈팅을 가져가도 임팩트가 제대로 맞았다. 리버풀은 아예 살라의 경합 능력을 팀 전술로 활용하고 있다. 살라가 등지고 볼을 잡아두며 시간을 벌어주면 그동안 동료들이 박스 안으로 침투해 득점 찬스를 만드는 것이다. 전방 압박과 뒷 공간 활용을 무기로 삼았던 몬텔라 감독의 피오렌티나에서 살라는 좋은 활약을 보였다. 비슷한 이유로 클롭 감독의 전술에도 살라는 안성 맞춤이다. 빠른 발을 활용한 뒷 공간 공략과 침투, 상대 후방 지역에서부터 시작되는 강한 전방 압박. 여기에 상대를 등질 줄 아는 경합 능력과 이후의 연계 능력, 센스, 득점력까지. 살라는 클롭 감독 아래에서 확실한 월드 클래스로 거듭났다.

03

역대급 시즌의
초라한 결말

맨시티 킬러 살라의 활약 - 챔피언스리그 8강

9년 만에 챔피언스리그 토너먼트에 복귀한 리버풀은 인상적인 행보를 이어갔다.
16강에서는 포르투를 합계 5-0으로 잡아내며 무난히 8강에 올랐다. 8강 상대는
리그에서 1승 1패의 성적을 주고받은 맨체스터 시티였다. 클롭 vs 펩의 라이벌 구도,
마네의 퇴장과 0-5 대패가 나온 맨시티 원정 맞대결, 맨시티의 리그 무패를 저지한
홈 맞대결 등 두 팀 사이에는 이미 다양한 스토리가 얽혀 있었다.
8강 1차전은 안 필드에서 열렸다. 리버풀은 리그에서처럼 시작부터 강한 압박으로
맨시티의 후방 빌드업을 방해했고 마누라 라인은 지속해서 맨시티의 수비 뒷 공간을
노렸다. 전반 12분 만에 리버풀이 선제골을 넣었다. 살라의 패스를 받은 피르미누가
슈팅을 날렸지만 에데르송의 선방에 막혔고, 이후 수비진이 걷어내려던 찰나에
피르미누가 압박해 볼을 튕겨내자 이를 살라가 받아내 선제골을 터뜨렸다.
이어서 전반 21분 리그에서처럼 알렉스 옥슬레이드체임벌린이 저돌적인 돌파 후
시원한 중거리 슛으로 두 번째 골을 넣었고 전반 31분에는 살라의 크로스를 받은
마네의 헤더가 득점으로 이어지며 순식간에 3-0 리드를 만들었다. 후반에도 실점 없이
맨시티의 공격을 틀어막은 리버풀은 3-0의 압도적인 스코어로 1차전을 마쳤다.
2차전에서 이른 실점만 허용하지 않는다면 리버풀의 4강 진출 가능성이 커보였다.
하지만 전반 2분 만에 실점을 허용하며 분위기가 바뀌었다. 스털링에게 오른쪽 돌파를
허용한 것이 빌미가 되며 가브리엘 제수스가 선제골을 넣었다. 시티 오브 맨체스터
스타디움(UEFA 명칭)의 분위기가 달아올랐다. 이제 양 팀의 점수 차는 두 골 차가 됐다.
전반 내내 맨시티가 경기를 몰아붙였다. 기세에서 밀린 리버풀은 일단 수비를 강화하는
형태로 라인을 내린 채 출발했다. 맨시티는 중원을 강화한 3-3-1-3 포메이션의
전술 효과를 제대로 냈다. 왼쪽 폭을 벌린 리로이 사네의 사이 공간을 다비드 실바와
가브리엘 제수스가 공략했고 오른쪽은 베르나르도 실바와 케빈 더브라위너.

라힘 스털링이 차례로 공략하며 수적 우위를 만들었다.
여기에 후방에 있는 아이메릭 라포르테, 카일 워커,
페르난지뉴 등의 선수들도 추가로 공격에 가세했다.
리버풀은 수비 사이 공간을 내주며 맨시티에 연이은 위기를
허용했다. 다행히 제임스 밀너의 육탄 방어, 로리스 카리우스
골키퍼의 선방 등이 나오면서 추가 실점은 면했다.
전반 40분 베르나르도 실바가 오른쪽 넓은 공간에서 먼 쪽을
바라보며 때린 왼발 슈팅이 골대를 맞고 튕겨나왔다.
1분 뒤엔 리로이 사네가 혼전 상황에서 득점에 성공했지만
오프사이드가 선언되면서 골이 인정되지 않았다.
리버풀로선 간담이 서늘했던 장면이었다.
후반전에도 경기 양상이 크게 달라지진 않았다. 하지만
리버풀은 윙포워드의 속도를 통해 전개한 역습이 조금씩
살아나기 시작했다. 후반 56분 살라의 패스를 받은 마네의
개인 돌파가 성공하며 에데르송 골키퍼와의 경합 상황이
펼쳐졌고 여기서 흘러나온 세컨볼을 살라가 살짝 띄워 차
마무리하며 동점골을 터트렸다. 합계 스코어는 4-1.
게다가 원정골로 리버풀이 1골 우위를 가져가면서
맨시티에겐 4골이 필요해졌다.
4강 진출이 유력해진 리버풀은 조금씩 후반전의 분위기를
가져왔다. 살라는 침투하는 피르미누, 마네 쪽으로 양질의
왼발 패스를 배급하며 역습의 기점 역할도 톡톡히 했다.
후반 77분 압박에 성공한 피르미누가 역전골 득점에
성공하면서 리버풀은 1, 2차전을 모두 승리한 채 4강 진출을
확정했다. 리버풀이 4강에 오른 건 2007-08시즌 이후
10년 만이었다.

친정팀 로마를 만난 살라 - 챔피언스리그 4강

리버풀의 4강 상대는 살라의 친정팀 AS로마였다. 리그에서
4경기 연속골을 터트리고 있던 살라는 폼이 최고조에
달해있는 상태에서 로마를 만났다. 살라는 로마전 직전
리그 4경기에서 7골을 터트렸다. 반면 로마는 새로 부임한
에우세비오 디 프란체스코 감독의 지휘 아래 리그 3위,
챔피언스리그에서도 선전하고 있었다. 그들은 아틀레티코
마드리드와 첼시, 카라박과 함께한 죽음의 조를 1위로
통과했고 샤흐타르, 바르셀로나를 꺾고 4강에 오르는
기염을 토했다. 로마의 챔피언스리그 4강 진출은 34년 만에
이뤄진 일이었다.
살라는 안 필드에서 치른 1차전 경기에 선발 출전하며

시작부터 활발한 모습을 보였다. 공간을 만들기 위해
오른쪽 넓은 방향으로 자주 빠진 살라는 여유로워 보였다.
그는 넓은 공간에서 볼을 잡은 뒤 피르미누, 마네에게 좋은
패스를 제공하며 연계에 참여했고 알렉산다르 콜라로프,
주앙 제수스와의 1대 1 상황도 드리블로 압도하며 측면을
장악했다. 로마는 수비 라인을 내리지 않았다. 그래서
마누라 라인이 초반부터 편하게 뒷 공간을 공략하며
기회를 창출했다.
하지만 로마에게도 한 방은 있었다. 실점 위기를 모면한
로마는 콜라로프의 왼발 중거리 슛이 카리우스의 선방 끝에
골대를 맞으면서 잠시 동안 분위기를 가져오기도 했다.
그들은 리버풀의 공격 흐름이 끝나자 라인을 올리며
공격적으로 나섰다. 리버풀 입장에선 0-0 상황이 오래
지속돼서 좋을 것이 없었다. 자칫 원정팀 로마가

원정골이라도 득점하게 되면 2차전 로마 원정이 어려워질 것이 틀림없었다. 부담스러운 상황을 피하기 위해선 빠른 선제골이 필요했다.

그러나, 로마가 라인을 올린 것은 결국 독이 돼서 돌아왔다. 전반 중반부터 다시 리버풀의 공격이 살아난 것이다. 리버풀은 로마의 뒷 공간을 공략하기 위해 전방으로 롱패스를 빠르게 보냈고 시간이 지날수록 슈팅 시도가 점점 활발해졌다. 하지만 선수들의 영점이 잡히질 않아 대부분 골대를 외면하거나 알리송 골키퍼의 정면으로 향했다. 로버트슨의 크로스를 마네가 마무리 짓는 듯했지만 오프사이드가 선언되며 골이 인정되지 않았다.

바로 그때 살라가 또 해결사로 나섰다. 전반 36분 박스 오른쪽 외곽에서 볼을 잡은 살라가 먼쪽을 향한 왼발 감아차기를 시도했다. 위로 솟구치며 강한 스핀이 걸린

공은 알리송 골키퍼를 지나 크로스바를 맞고 골대 안으로 떨어졌다. 살라는 친정팀을 상대로 세레모니를 자제하며 기쁨을 표하지 않았다. 리버풀은 선제 득점 후 더 공격을 퍼부었고 결국 전반 종료 직전 살라의 두 번째 골이 터지면서 전반을 2-0으로 마친다.

마음이 급해진 로마는 라인을 더더욱 끌어올렸다. 이는 리버풀 공격진에게 호재였다. 살라는 로마의 뒷 공간을 파고 들며 또 한 번 공간을 활용했고 박스 중앙에 자리 잡은 마네의 골을 도우며 1도움을 기록했다. 마네의 골이 들어가고 5분 뒤에는 주앙 제수스를 드리블로 따돌린 뒤 반대 편에 있는 피르미누에게 낮은 크로스를 배달해 두 번째 도움을 기록했다. 살라는 후반 61분까지 2골 2도움을 기록하며 팀의 4골에 모두 관여했다. 리버풀은 코너킥 상황에서 69분에 터진 피르미누의 헤더골까지 더해

6경기에서 6골을 득점했다. 하지만 4월의 마지막 경기인 리그 스토크전부터 5월 2일 로마와의 챔피언스리그 준결승 2차전, 6일 리그 첼시전까지 연달아 득점을 기록하지 못했다. 로마전에서는 오프사이드 트랩에 연달아 걸리며 팀 공격의 흐름을 자주 끊었고, 첼시전에는 뤼디거의 집중 마크에 고전하며 드리블 성공과 크로스, 유효 슈팅까지 모두 0개를 기록했다.

챔피언스리그 결승을 앞두고 라마단에 돌입한다는 소식도 전해졌다. 이슬람의 절기인 라마단은 아랍어로 '무더운 달'을 뜻하며 이 기간 동안 무슬림은 해가 떠 있는 동안 금식을 해야한다. 심지어 물도 마실 수 없다. 살라는 리그가 끝나고 이틀 뒤인 2018년 5월 15일부터 한 달 동안 라마단 기간에 들어갔다. 금식을 한 채 챔피언스리그 결승전과 러시아 월드컵 초반 일정을 소화해야 한다는 뜻이었다.

다행히 부진했던 살라의 폼은 리그 최종전 브라이튼전에서

5-0으로 앞서갔다.

하지만 81분, 85분에 제코와 페로티에게 연달아 실점을 허용하며 찜찜한 결말을 남겼다. 1차전의 최종 점수는 5-2. 거기에 전반 18분 만에 알렉스 옥슬레이드체임벌린이 십자인대 부상으로 경기장을 나가면서 전력에 큰 누수가 생겼다. 결국 리버풀은 2차전에서 2-4로 패했다. 살라도 2차전에는 침묵했다. 그래도 합계 점수 7-6으로 승리한 리버풀은 2007년 이후 11년 만에 챔피언스리그 결승 진출에 성공했다.

결승을 앞두고 생긴 걱정 거리

로마와의 1차전에서 2골을 넣은 살라는 챔피언스리그에서 해당 시즌 10골을 득점한 상태였다. 역대 아프리카 선수 중 최초로 단일 시즌 챔피언스리그에서 두 자릿 수 득점을 기록했으며 리버풀의 모든 선수를 통틀어서도 최초의 일이었다. 전체 대회에서는 43골을 기록하고 있었다. 물오른 살라의 폼으로 무장한 리버풀의 결승 상대는 레알 마드리드였다. 지난 두 번의 챔피언스리그를 연속으로 제패한 레알 마드리드는 챔피언스리그 통산 우승 12회에 빛나는 대단한 상대였다.

그런데 리버풀의 걱정 거리가 생겼다. 5월 들어서 살라의 폼이 전보다 떨어진 것이다. 살라는 4월에 치른 전체 대회

1골 1도움을 기록하면서 다시 살아났다. 하지만 라마단으로 인해 100%의 컨디션으로 챔피언스리그 결승에 임할 수 없다는 게 우려스러웠다. 게다가 상대는 챔피언스리그 2연패 팀 레알이었다. 5월 들어서 기복을 보였던 리버풀은 다시 정상 컨디션을 빠르게 회복해야 여섯 번째 빅이어 도전에 나설 수 있을 것으로 보였다. 그 중심에 있는 살라의 활약이 매우 절실했다.

이른 좌절과 함께 끝난 도전 - 챔피언스리그 결승

레알 마드리드와 리버풀의 챔피언스리그 결승은 2018년 5월 26일 우크라이나 키이우의 NSC 올림피스키 스타디움에서 펼쳐졌다. 레알 마드리드는 12회, 리버풀은 5회 챔피언스리그를 우승한 명문팀 간의 맞대결이었으며 크리스티아누 호날두와 모하메드 살라의 대결로도 관심이

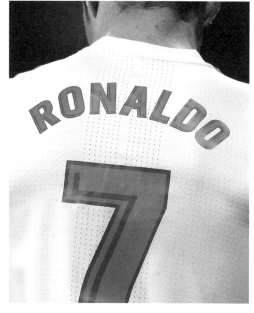

모아졌다.

리버풀은 로리스 카리우스 골키퍼와 앤디 로버트슨-버질 반다이크-데얀 로브렌-트렌트 알렉산더아놀드의 백포, 제임스 밀너-조던 헨더슨-죠르지뇨 베이날둠의 중원, 사디오 마네-호베르투 피르미누-모하메드 살라의 스리톱으로 선발을 구성했다. 초반 분위기를 잡은 건 리버풀이었다. 강한 전방 압박과 이에 걸맞는 좁은 간격으로 레알의 빌드업을 방해하며 주도권을 가져왔다.

살라는 동료들과 연계를 통해 기회를 창출하며 리버풀의 초반 공세를 도왔다. 살라가 활약하던 방향은 오른쪽이었다. 살라가 볼 간수와 연계, 침투까지 활발한 모습을 보여주다보니 레알 마드리드의 왼쪽 풀백 마르셀루는 공격으로 올라가는 것이 어려웠다. 마르셀루의 공격 가담을 활용하지 못하게 된 레알은 전반 내내 공격 전개에 어려움을 겪었다. 당시 마르셀루가 볼 운반과 전개, 마무리를 담당하는 핵심 선수였기 때문이다. 여기에 리버풀의 강한 압박을 풀려다 빌드업 과정에서 실수가 나온 것도 한 몫했다.

하지만 살라의 결승전은 너무나도 이른 시간에 끝났다. 전반 28분 살라는 세르히오 라모스와 볼을 두고 경합을 벌이고 있었다. 서로 팔을 집어넣으며 유리한 위치를 선점하려다 같이 넘어졌는데 여기서 문제가 발생했다. 살라가 라모스의 몸에 짓눌리면서 왼쪽 어깨부터 부자연스럽게 착지가 됐기 때문이다. 결국 착지 과정에서

왼쪽 팔이 꺾이고만 살라는 통증을 호소했고 60여 분의 남은 시간을 뛸 수 없었다.

통증을 참고 애써 뛰어보려 했던 살라는 결국 불가능하다는 걸 느끼며 눈물을 흘리고 말았다. 살라는 전반 30분 애덤 랄라나와 교체되어 경기장을 빠져나갔다. 남은 챔피언스리그 60분의 시간과 다가오는 러시아 월드컵까지 변수를 안길만한 부상이었다. 살라가 빠지자 레알 마드리드는 자유롭게 마르셀루를 공격으로 올려보낼 수 있었다. 결국 레알은 마르셀루의 전진을 필두로 조금씩 공격을 풀어갔고 경기 분위기도 급격히 레알 쪽으로 기울게 됐다.

이후 경기는 카리우스의 대형 실수 끝에 나온 후반 51분 카림 벤제마의 골, 63분과 83분에 나온 가레스 베일의 원더골에 힘입어 레알 마드리드가 3-1 승리를 거뒀다. 리버풀은 사디오 마네의 55분 동점골에도 불구하고 분위기를 가져오지 못했다. 살라의 빈 자리가 아쉬웠다. 살라가 있었다면 레알의 왼쪽 공격을 억제할 수 있지 않았을까? 살라의 연계와 뒷 공간 침투, 슈팅을 활용할 수 있었다면 어땠을까? 에 대한 미련이 남을 법 했지만, 이미 나와버린 결과를 바꿀 수는 없었다.

28년 만에 찾아온 월드컵 도전의 기회

살라의 어깨 부상 소식에 이집트 축구 협회도 예민해졌다. 이집트 축구 협회는 곧바로 살라의 몸 상태 확인에 나섰다. 28년 만에 얻은 월드컵 본선 진출 기회에 에이스 살라가 없어선 말짱도루묵이었다. 살라는 이집트 전력에 있어 큰 지분을 차지했다. 살라가 없었다면 이집트의 월드컵 본선 기회도 없었을 것이다.

실제로 살라는 이집트의 월드컵 본선 진출 기적을 쓴 주역이었다. 아프리카 지역 예선에서만 5골을 넣으며 활약했다. 살라는 프레쥐스 나쿨마와 함께 지역 예선 최다 득점자였다. 이집트는 최종전이었던 홈 콩고전에서 무조건 이겨야만 월드컵 본선 진출이 가능했다. 이 경기에서 살라는 멀티골을 넣으며 이집트의 2-1 승리를 이끌었다. 살라의 발 끝에서 28년 만에 월드컵 본선에 진출하는 역사가 만들어진 것이다.

이집트는 62분에 터진 살라의 선제골을 지키지 못한 채 85분에 실점을 허용하며 1-1로 비기고 있었다. 이대로 끝나면 본선 진출을 확정할 수 없었다. 하지만 5분의 추가 시간이 끝나기 전인 93분에 교체 투입된 트레제게가

페널티킥을 얻어냈다. 페널티킥이 불리자 이집트 벤치에
있던 선수들과 관계자들 중 일부는 경기장에 난입하며
환호했다. 하지만 승리를 확신하기엔 일렀다. 페널티킥
키커인 모하메드 살라가 킥을 성공하지 못하면 모든 것이
좌절됐기 때문이다.

살라의 발 끝에는 28년 만의 조국의 월드컵 본선 진출
기회가 걸려있었다. 살라는 오른쪽 구석으로 페널티킥을
차 성공시키며 이집트의 월드컵 본선 진출을 이끌었다.
살라의 멀티골에 힘입어 반드시 이겨야했던 콩고전을 2-1로
마칠 수 있었다. 살라의 페널티킥골이 터지자 이집트 홈
팬들은 열광했고 이들 중 대부분의 팬들은 눈물을 흘리며
조국의 월드컵 본선 진출을 감격스러워했다. 이집트 내
한 학교는 본선 진출과 동시에 학교 이름을 모하메드
살라 학교로 변경했다.

관건은 살라의 월드컵 본선 출전 여부였다. 리버풀 메디컬
팀은 회복까지 3~4주가 걸릴 것을 예상했다. 월드컵
조별리그 일정을 소화하는 것은 무리라는 진단이었다.
하지만 이집트 축구 협회에서는 직접 확인한 결과 살라의
부상은 어깨 인대 염좌이며 회복까지는 2주면 충분하다고

발표했다. 살라도 인터뷰를 통해 '회복까지 소요되는 시간을
최대한 줄이기 위해 노력할 것이다'라고 의지를 피력했다.

실망과 좌절로 끝나버린 월드컵 - 러시아 월드컵

살라의 2017-18시즌은 역대급이었다. 엄청난 개인 기록을
세우며 수많은 기록들을 갈아치웠다. 프리미어리그에서는
'38경기 조정 후 단일 시즌 최다 득점' 기록을 세웠다.
역사를 새로 쓴 시즌이라 표현해도 이상할 것이 없었다.
소속팀 리버풀은 챔피언스리그 결승에 진출했고 조국
이집트는 28년 만에 월드컵 본선에 올랐다. 역대급 시즌에
걸맞는 역대급 마무리를 기대했다.

하지만 시즌은 그에 걸맞지 않는 초라한 결말로 끝났다.
챔피언스리그 결승은 부상으로 인해 28분 만에 끝났고
리버풀은 준우승에 머물렀다. 그토록 기다렸던 월드컵
본선 무대는 챔피언스리그 결승에서의 부상으로 인해
제 컨디션으로 출전하지 못했다. 결국 이집트의 토너먼트
진출도 좌절됐다.

이집트는 개최국 러시아와 사우디아라비아, 우루과이와 같은

조인 A조에 편성됐다. 살라는 어깨 부상에도 불구하고 일단 월드컵 대표팀 명단에서는
빠지지 않았다. 그는 첫 경기인 우루과이전부터 팀 선수단과 동행했다. 모두의 관심사는
그의 출전 여부에 있었다. 첫 경기인 우루과이전에서 승점을 따야만 이후 일정을 여유있게
풀 수 있었기 때문이다. 우루과이전에 좋은 결과를 가져오기 위해서는 에이스 살라의 활약이
필요했다.

하지만 살라는 첫 경기인 우루과이전에서 선발이 아닌 벤치에 이름을 올렸다. 현지 카메라는
살라의 출전 여부를 확인하기 위해 경기 내내 살라의 모습을 보여줬다. 벤치에 앉아있던
살라는 초조한 표정으로 동료들의 경기를 지켜보고 있었다. 어깨 부상의 여파 때문인지 몸을
풀지 않았다. 이집트는 우루과이의 공세를 잘 버티고 있었다. 모하메드 엘 셰나위 골키퍼의
선방이 더해지면서 80분 대까지 0-0의 상황이 어어졌다.

하지만 공격이 아쉬웠다. 이집트의 전력이 우루과이와 비교해 매우 약했기 때문에 공격
진영에서 볼을 운반하고 간수하며 연계해줄 선수가 없었다. 살라의 빈 자리가 크게 느껴졌다.
수아레스와 카바니 등의 맹공에도 불구하고 이집트는 88분까지 0-0으로 버티고 있었다.
하지만 89분에 프리킥 상황에서 터진 호세 히메네스의 헤더 결승골로 인해 이집트는 0-1로
패하고 말았다.

두 번째 경기인 러시아전에서 살라는 선발에 복귀했다. 챔피언스리그 결승을 치른 뒤 3주
만에 복귀였다. 첫 경기에서 살라의 빈 자리를 크게 느낀 이집트는 에이스의 복귀를 반겼다.
첫 경기인 우루과이전에서 패했기 때문에 러시아전 승리가 절실했다. 하지만 러시아
홈 팬들의 열광적인 응원이 큰 부담으로 다가왔다. 월드컵 경험이 없었던 이집트로서는
개최국을 상대한다는 부담을 어떻게 극복할지가 관건이었다.

게다가 러시아의 경기력은 홈 팬들의 응원에 힘입어 예선 때 이상으로 올라와있는 상태였다.
결국 이집트는 후반에만 3실점을 허용하며 힘없이 1-3의 스코어로 무너지고 말았다. 살라는
후반 73분 자신이 얻어낸 페널티킥을 직접 마무리하며 월드컵 본선 데뷔골을 터트렸다.
하지만 곧이어 치러진 우루과이-사우디 경기에서 우루과이가 승리하면서 이집트의
조별리그 탈락이 확정됐다. 러시아와 우루과이는 2경기 전승으로 16강을 확정했다.

조별리그 최종전은 자연스럽게 탈락 확정 국가간의 경기로 진행됐다. 전력을 봤을 때
이집트는 사우디아라비아를 상대로 승리를 노려볼 만한 위치에 있었다. 출발은 좋았다.
전반 21분 모하메드 살라가 상대 골키퍼를 앞에 두고 칩샷으로 선제골을 넣었다. 살라가
월드컵에서 넣은 첫 필드골이었다. 하지만 38분 아메드 파티가 핸드볼 파울을 범하며
페널티킥을 내주며 위기가 찾아왔다. 다행히 에삼 엘 하다리 골키퍼가 페널티킥을 막아내며
이집트는 위기를 모면했다.

전반 추가 시간에 또 한 번 페널티킥을 내줬고 이번엔 살만 알파라지에게 실점을 허용하면서
1-1로 따라잡혔다. 게다가 후반 추가 시간 4분이 끝날 무렵 살렘 알 다우사에게 추가 실점을
허용하며 1-2 역전패를 당했다. 살라의 선제골에도 불구하고 이집트는 리드를 지키지
못하며 맥없이 무너진 것이다.

이집트의 조별 리그 결과는 3전 전패였다. 하필 A조에 편성된 탓에 대회에서 최초로 3전
전패로 탈락한 팀이 됐다. 이집트는 모하메드 살라가 시즌 내내 좋은 활약을 보이면서 자칫
토너먼트 진출까지 노릴 것으로 예상됐지만, 살라의 부상으로 인한 직접적인 타격을 입으며
대회 내내 힘을 쓰지 못했다. 살라에게는 아쉬운 시즌 마무리였다. 그의 역대급 활약이
이어지는 동안 이러한 초라한 결말을 예상했던 이가 몇이나 있었을까?

RAMADAN

라마단과 축구

축구 팬이라면 시즌 후반기마다 선수들이 '라마단'에 돌입했다는 말을 들었을 것이다. 라마단이란 말의 뜻은 이슬람력으로 9월을 의미하며 무슬림들의 5가지 종교적 의무 중 하나인 금식을 행하는 달을 뜻한다. 라마단 기간 이슬람교를 믿는 건강한 성인은 일출부터 일몰까지 금식을 지켜야 한다. 금식에는 먹고 마시는 모든 행위가 포함된다. 세계 인구의 1/3이 이슬람교도인 상황에서 축구 선수 중 적지 않은 인원이 이슬람교도인 것도 이상한 일은 아닐 것이다. 하지만 라마단 기간에 행하게 되는 금식은 운동 선수에

FOOTBALL

겐 치명적으로 보일 수 있다. 선수들은 올바른 영양소 섭취와 몸 관리로 늘 최상의 컨디션을 유지해야 한다. 하지만 훈련과 경기를 해야 하는 시간에 아무것도 먹지 않으면 선수의 컨디션 저하가 오지 않을까 우려되는 게 사실이다. 라마단에 임하는 선수 중에는 주요 선수들도 많다. 리버풀에는 모하메드 살라, 이브라히마 코나테, 나비 케이타 등이 라마단을 지켜야 하며, 그 외에도 바이에른 뮌헨의 사디오 마네, 유벤투스의 폴 포그바, 레알 마드리드의 카림 벤제마, 맨체스터 시티의 리야드 마레즈 등이 있다. 흥미로운 점은 이들 대부분은 라마단 기간에도 좋은 활약을 보여줬다는 점이다. 라마단은 시즌 후반기인 4월과 5월에 주로 잡히는데, 이 선수들은 후반기에도 멀쩡한 활약을 보여준 경우가 많았다.

RAMADAN&LIVER

라마단은 정말 축구 선수에게 영향을 주지 않을까?

라마단 기간 선수는 하루 세끼의 식사 규칙을 지킬 수 없다. 물을 통한 수분 섭취량도 줄어들게 된다. 질병학자 압둘라지즈 파루크의 보고에 따르면 라마단 기간 무슬림 운동선수의 80%는 지구력이 감소하고, 70%는 정신적 집중력 저하, 60%는 수면의 질이 떨어지는 부작용이 발생했다고 한다. 대부분의 스타 선수가 아무렇지 않은 듯 활약을 이어가긴 했지만, 실제로는 조금씩 몸 상태의 변화를 체감하고 있었을 가능성이 크다.

그렇다면 라마단 기간 금식의 영향을 최소화할 수는 없을까? 스포츠 의학 전문 병원인 Aspetar에서는 선수 개인이 적절한 수면 패턴으로 회복을 철저히 하는 것이 금식의 부작용을 최소화하는 방법이라고 밝혔다. 그리고 축구 감독과 팀은 선수 개인의 훈련 일정을 유연하게 조정해 이 문제에 대응할 수 있다고 했다.

코치는 선수의 훈련 부하와 회복 정도, 컨디션 등을 꾸준히 모니터링하는 것이 중요하며 라마단 이전과 상태에 큰 변화가 있을 시 필요하면 개입하는 것이 중요하다. 이슬람교의 문화를 이해하는 나라의 리그들은 아예 경기 시간 자체를 조정하기도 한다. 대표적으로 카타르 스타스 리그는 라마단 기간 경기 시간을 아예 일몰 이후로 미룬다.

리버풀은 라마단을 어떻게 대비할까?

리버풀에는 유독 라마단을 지켜야 할 선수들이 많다. 1군 선수만 해도 살라, 코나테, 케이타 등이 라마단을 지켜야 한다. 그렇다면 리버풀은 주축 선수들의 라마단을 어떻게 대비하고 있을까?

팀 주장 조던 헨더슨은 선수단을 대표해 위르겐 클롭과 대화를 갖는다. 헨더슨은 평소에도 주장으로서 선수단과 감독 사이의 소통을 담당한다. 선수단 얘기는 주로 헨더슨이 대표해 감독에게 전달하는 방식이다. 헨더슨은 라마단에 임하는 선수들의 얘기를 듣고 클럽과 대화를 가지며 훈련 일정 변경을 부탁한다. 실제로 헨더슨의 얘기를 들은 클럽은 정규 훈련 세션을 오후에서 오전으로 바꿔주기도 했다.

마네는 'beIN SPORTS'와의 인터뷰에서 "경기와 훈련, 라마단 일정을 모두 다 지키는 것은 쉽지 않다. 그래서 라마단 전에 주장과 얘기해 훈련 일정을 조정할 수 있는지 건의한다"라며 "주장과 감독 덕분에 우리는 편하다. 아침에 훈련하고 나면 집에 가서 휴식을 취하며 금식할 수 있다. 우리는 배려를 받음에 감사한다. 그래서 더 열심히 하려고 한다"라고 말했다.

금식의 고통을 이겨낸 **리버풀 선수들**

사디오 마네는 라마단 기간에 의한 금식을 하고도 2017-18시즌 챔피언스리그 결승에서 레알 마드리드를 상대로 동점골을 터트렸다. 2021-22시즌 챔피언스리그 4강 1차전 비야레알전 당시 리버풀 지역의 일출 시각은 오전 6시 이전, 일몰은 오후 8시 30분 경이었다. 일몰 시각은 비야레알전 하프타임 이후에나 잡혀 있었다. 그래서 하프타임 때까지는 라마단에 임하는 선수들이 금식을 지켜야만 했다. 이날 클럽 감독은 컨디션이 괜찮았던 살라와 코나테는 풀타임, 마네는 73분에 교체 아웃, 케이타는 후반 70분 교체 투입으로 라마단에 임하는 선수들을 배려해주었다.

라마단을 지켜야 하는 이들이 많아지면서 축구계도 이들을 존중하기 위한 다양한 방법을 시도하고 있다. 리그 일정 조정, 훈련 일정 배려 등이 그 과정 중 하나다. 라마단을 지키면서도 활약을 이어가는 선수들은 그만큼 대단한 자기 관리 능력을 지녔음이 틀림없다. 종교의식을 우선하면서도 프로 선수로서 보여줘야 할 모습에도 흐트러짐이 없는 이들이다.

The Pharaoh

2017-18시즌 살라는 득점왕을 차지하며,
프리미어리그로의 화려한 복귀를 알렸지만 팀은 리그 4위,
챔피언스리그 준우승이라는 아쉬운 결과를 얻는다.
하지만, 살라와 붉은 제국의 전성기는 이제 시작일 뿐이었다.

"

**이번 재계약은 리버풀에 대한 살라의 믿음과
살라에 대한 우리의 믿음을 분명하게 보여준다.**

2018년에 재계약을 마친 뒤 클롭 감독의 인터뷰

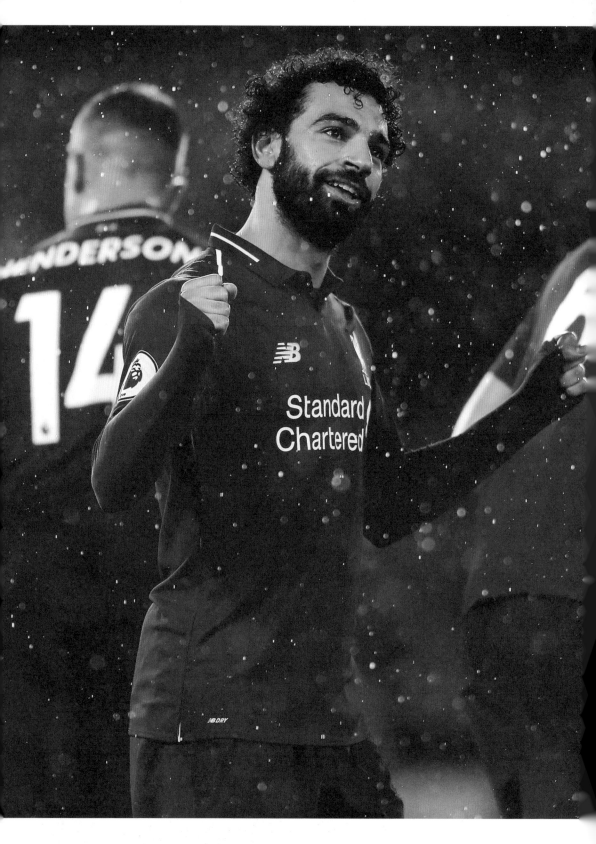

01

붉은 제국을 이끄는 주역

리버풀 2018-19

역대급 활약의 보상

데뷔 시즌 살라는 엄청난 활약을 보여줬다. 리버풀이 유럽과 잉글랜드 정상 도전을
위해선 살라의 활약이 꼭 필요하다는 걸 실감하게 만들어준 내용이었다. 살라의
활약 덕분에 아랍권 내 리버풀 팬들의 숫자도 크게 늘었다. 좋은 활약을 보여준
살라에게 구단이 그만큼의 보상을 해주는 건 당연한 일이었다.

2018년 7월 2일 리버풀은 공식 홈페이지를 통해 모하메드 살라와의 재계약
소식을 발표했다. 계약 기간은 5년이며 주급은 기존에 받던 주급보다 2배가 넘게
올랐다고 알려졌다. 클롭 감독은 "이번 재계약은 리버풀에 대한 살라의 믿음과
살라에 대한 우리의 믿음을 분명하게 보여준다"라고 소감을 밝혔다. 살라는 이로써
구단 내 최고 주급 선수가 되었다.

리버풀은 챔피언스리그 준우승의 아픔을 씻기 위해 대대적인 보강에 나섰다.
챔피언스리그 결승에서 치명적인 실수를 범한 카리우스를 대신해 로마로부터
알리송 골키퍼를 영입했다. 수비형 미드필더로는 모나코의 파비뉴를 데려와
밸런스를 잡고자 했다. 라이프치히의 중앙 미드필더 나비 케이타, 강등팀
스토크시티에서 제르단 샤키리를 데려오며 여름 이적시장을 마쳤다.

골키퍼와 수비형 미드필더 보강, 지난 시즌 중반기부터 합류한 센터백 버질
반다이크 효과까지. 곳곳에 포지션 고민을 해결한 리버풀은 프리미어리그 우승급
전력을 갖추게 됐다. 지난 시즌 PFA 올해의 선수상을 차지한 모하메드 살라와

호베르투 피르미누, 사디오 마네가 구축하는 '마누라' 라인의 화력까지. 위르겐 클롭 감독의 지휘 아래 리버풀의 2018-19 시즌은 많은 기대를 받았다.

초반 부진, 몸이 무거웠던 살라

하지만 챔피언스리그 결승 부상과 무리한 월드컵 출전의 여파였을까? 살라는 시즌 초반에 부진한 행보를 보였다. 기록상으로는 크게 문제가 없었다. 1라운드 웨스트햄전에서는 골을 넣으며 팀의 4-0 대승에 기여했고 2라운드 팰리스전에서는 페널티킥 획득과 마네의 골을 돕는 활약으로 팀이 넣은 두 골에 모두 기여했다. 5일 뒤

브라이튼전에서는 결승골을 넣으며 팀의 1-0 승리를 이끌었다.

하지만, 살라의 몸은 무거워 보였다. 볼을 잡았을 때 터치가 튀는 경우가 많았고, 이에 따라 슈팅 영점도 지난 시즌과 비교해 제대로 잡히지 않았다. 실제로 4,5라운드와 챔피언스리그 PSG와의 조별리그 경기에서는 무득점에 그쳤다. 특히 챔피언스리그에서 나폴리, PSG와 함께 죽음의 조에 속한 리버풀 입장에서는 살라의 분발이 필요했다.

살아난 살라와 선두 리버풀

다행히 9라운드 허더즈필드전부터 살라의 활약이 살아났다. 살라는 샤키리의 왼발 패스 타이밍에 맞춰 허더즈필드의 배후 공간을 침투했고 빠른 타이밍에 슈팅을 날리기 위해 볼에 더 가까웠던 오른발 발끝을 공에 갖다 대며 골을 넣었다. 10월 24일 챔피언스리그 츠르베나 즈베즈다와의 경기에서는 멀티골을 넣으며 팀의 4-0 대승을 이끌었다. 살라는 이날 골로 자신의 리버풀 통산 50번째 골을 터트렸다. 65경기 50골로 리버풀 구단 역사상 최단 경기 50골 기록을 세웠다.

이어서 10라운드 카디프전에서도 골을 기록하며 전체 대회 3경기 연속골을 터트렸다. 살라는 카디프전 한 경기에서 1골 2도움을 기록했다. 이 3경기에서 살라는 득점에 앞서 영리한 위치 선정과 움직임을 제대로 보여줬다. 8~9월과 다르게 자신의 경기 내용과 득점력이 올라오고 있음을 확인시켜준 모습이었다. 역습의 기점 역할도 톡톡히 해냈다. 빠른 발을 활용한 뒷 공간 침투, 볼을 가지고 있을 때의 드리블도 좋았지만, 간수와 연계 능력을 앞세워 동료들의 역습 찬스를 만들어주는 장면도 많았다.

12라운드 풀럼전에서는 팀원들과 극적인 역습골을 합작했다. 톰 케어니의 왼발 크로스를 받은 풀럼의 미트로비치는 헤더로 먼저 선제골을 기록했다. 하지만 부심이 깃발을 들면서 오프사이드가 선언되어 골은 인정되지 않았다. 미트로비치와 풀럼 선수들이 오프사이드 판정을 아쉬워하던 찰나에 알리송은 빠르게 프리킥을 아놀드에게 처리했고 아놀드는 오른쪽 뒷 공간을 파고들던 살라에게 원터치로 스루패스를 찔러줬다.

볼을 넘겨받은 살라는 속도를 살려 순식간에 세르히오 리코 골키퍼와의 1대 1 찬스를 만들었고 이를 왼발로 살려내며 선제골을 기록했다. 실점으로 생각했던 장면을

간신히 넘긴 뒤 알리송-아놀드-살라로 이어지는 간결한
역습으로 극적인 반전을 만들었다. 이전까지 풀럼과 대등한
흐름이 이어졌던 걸 생각했을 때 살라의 선제골은 팀의
승리에 중요한 역할을 했다. 살라는 확실히 살아난
모습이었다. 16라운드 본머스 전에서 해트트릭을 달성한
살라는 어느덧 10골로 리그 득점 1위에 올랐으며,
리버풀은 13승 3무로 리그 1위로 올라서며, 상승세를
이어가고 있었다.

챔피언스리그 탈락 위기, 그리고 나폴리전

하지만 챔피언스리그 조별리그에서는 기복을 보였다.
3라운드 홈 즈베즈다전까지 승리하며 2승 1패를 거뒀지만,
4라운드 즈베즈다 원정에서 0-2로 패하며 계획이 꼬였다.
매우 중요해진 5라운드 PSG 원정에서도 후안 베르나트와
네이마르를 막지 못하고 1-2로 졌다. 2승 3패, 16강 진출에

먹구름이 드리운 순간이었다. 2위 나폴리보다 승점 3점이
부족했던 리버풀은 최종전 홈 나폴리전에서 반드시 이겨야
16강에 진출할 수 있었다.
살라는 마네, 피르미누와 함께 선발 스리톱을 구성했다.
살라의 상대는 나폴리의 왼쪽 풀백 마리오 후이와 왼쪽
센터백 쿨리발리였다. 후이의 수비력은 좋은 편이 아니었다.
후이는 세리에 A 경기에서도 자주 1대 1 수비와 뒷 공간
수비의 약점을 노출했다. 하지만 센터백 쿨리발리는 오히려
후이의 뒷 공간을 커버하면서 자신의 물오른 수비력을
입증하고 있었다. 이미 리버풀과 지난 맞대결에서는
모하메드 살라를 단단히 틀어막기도 했었다.
하지만 시즌 초반 살라와 12월 초 살라의 컨디션은 사뭇
달랐다. 나폴리전을 앞두고 치른 리그 본머스전에서는
해트트릭을 기록한 상태였다. 살라는 달라진 모습을
입증하듯 시작부터 후이 쪽을 활발하게 공략했다. 후이의
뒷 공간을 커버하는 쿨리발리의 수비력도 단단하긴

마찬가지였다. 리버풀은 살라가 있는 오른쪽을 집중하며 공격을 시도했지만, 그럴 때마다 쿨리발리가 번번이 살라의 앞을 가로막았다. 반면 파비앙 루이스와 드리스 메르텐스, 로렌초 인시녜를 앞세운 나폴리의 역습 시도도 중간중간 위협적인 모습을 보였다.

공격은 전반 내내 리버풀이 더 활발하게 펼치고 있었다. 하지만 골이 쉽게 나오지 않았다. 기회마다 쿨리발리의 수비와 오스피나 골키퍼의 선방에 가로막혔다. 공격진의 터치 미스와 같은 잔실수도 눈에 띄었다. 나폴리는 비기기만 해도 16강에 진출할 수 있었다. 시간이 지날수록 그들의 수비 집중력이 좋아졌다. 나폴리의 카를로 안첼로티 감독도 수비와 미드필더 사이의 간격을 좁히며 밸런스 유지에 힘썼다.

전반 34분, 살라가 그토록 기다렸던 선제골을 넣었다. 살라는 후이를 등진 채로 빠르게 전방으로 턴하며 오른쪽 뒷 공간을 파고들었고 뒤따라오던 쿨리발리까지 타이밍을 속여 제쳐내며 기회를 잡았다. 살라는 빠른 타이밍의 슈팅을 위해 오른발을 갖다 댔고 볼은 오스피나 골키퍼의 다리 사이를 지나 골대 안으로 향했다. 실시간 순위에서 리버풀은 2위로 올라갔다. 반면 3위로 내려간 나폴리의 원정 팬 중 한 명은 실점 후 눈물을 참지 못했다.

전반 40분, 살라를 막는 과정에서 쿨리발리가 경고받았다. 살라는 골 장면 때처럼 이번에도 쿨리발리를 앞에 두고 타이밍을 속이며 제쳐내려 했다. 하지만 쿨리발리는 도전 타이밍이 늦었는데도 불구하고 그냥 몸을 들이밀었다. 결국 쿨리발리는 전반이 끝나기도 전에 카드를 받았다. 쿨리발리의 수비 부담이 커지면서 리버풀의 오른쪽 공격은 덩달아 살아날 듯 보였다.

하지만 시간이 지날수록 매서워진 건 나폴리의 공세였다. 실점 이후 나폴리는 다른 팀이 됐다. 후반 초반에 잠깐 흐름을 내주긴 했지만, 대부분의 시간 동안 리버풀 진영으로 위협적인 공격을 전개했다. 후반 50분 살라는 후이를 피지컬로 밀어낸 뒤 추가골을 득점할뻔 했지만, 슈팅은 골문 바깥으로 살짝 빗나가고 말았다. 한 골 차 리드 상황이 이어지면서 리버풀의 긴장감도 고조되었다.

다행히 리버풀의 뒷 공간은 알리송 골키퍼가 넓게 커버했고 반다이크와 마팁도 좋은 위치 선정으로 나폴리의 공격을 끊어내면서 실점을 면했다. 하지만 막판에는 대형 위기가 찾아왔다. 후반 90분에 수비 강화를 위해 교체 투입된 센터백 데얀 로브렌의 헤더 처리 실수로 나폴리가 프리킥

상황에서 기회를 잡은 것이다. 골문 가까이에서 공을 잡은 밀리크는 그대로 밀어 넣으면 득점이 될 것을 직감하고 빠르게 슈팅을 시도했다. 이때 알리송 골키퍼가 뛰쳐나와 밀리크의 슈팅을 온몸으로 막아내며 팀의 승리를 지켰다. 최종적으로 리버풀은 나폴리와 승점(9점 9점) 동률, 승자승 전적(1승 1패) 동률, 승자승 골득실(1득점 1실점) 동률, 승자승 다득점 동률(1득점 1득점), 승자승 원정 득점 동률(0득점 0득점), 조별리그 전체 골득실 동률(+2 +2), 하지만 조별리그 전체 다득점(7득점 5득점)에서 두 골 차로 앞서면서 2위에 올랐다. 살라의 골과 알리송의 선방에 힘입어 리버풀이 나폴리를 1–0으로 승리했기에 나온 기적의 결과였다.

챔피언스리그 최종전, 제라드와 살라

리버풀이 가장 최근에 챔피언스리그 우승을 차지했던 2004–05시즌에도 조별리그 최종전에서 극적인 명승부를 연출한 바 있었다. 당시 리버풀은 AS 모나코, 올림피아코스, 데포르티보 라 코루냐와 한 조에 편성됐다. 리버풀은 최종전 올림피아코스전을 앞두고 2승 1무 2패로 조 3위에 머물러 있었다. 2위 올림피아코스와는 승점 3점 차가 났다. 이미 올림피아코스와의 원정 맞대결에서 0–2로 지고 왔던 리버풀은 최종전 홈 경기에서 2골 이상 승리를 거둬야 16강에 진출할 수 있었다.

하지만 리버풀은 전반 27분에 히바우두에게 선제 실점을 허용했다. 이로써 리버풀은 3골을 넣어야만 16강에 오를 수 있었다. 전반 막판 시나마 퐁골의 골, 후반 80분 닐 밀러의 골로 리버풀은 2–1로 역전했다. 하지만 승리보다 중요한 것은 점수 차였다. 남은 시간 동안 한 골을 더 넣지 못하면 승점 동률, 승자승 골득실에서 밀려 올림피아코스가 16강에 올라가는 상황이었다. 위기라고 생각했던 그때 리버풀의 영웅이 팀을 구해내는 한 방을 터뜨렸다.

후반 86분 닐 밀러가 헤더로 떨궈준 공을 박스 밖에 있던 제라드가 공이 터질 듯한 임팩트를 보여주며 박스 밖 중거리 슛을 시도했다. 레이저처럼 속도가 붙은 공은 그대로 올림피아코스의 골문을 뚫었고 리버풀은 극적으로 조 2위에 오를 수 있었다. 이후 토너먼트에서 레버쿠젠과 유벤투스, 첼시를 꺾고 결승에 오른 리버풀은 밀란을 상대로 이스탄불에서 기적을 쓰며 다섯 번째 빅이어를 들어 올렸다. 당시 리버풀은 전반까지 0–3으로 지고 있던 경기를

3-3까지 따라잡은 후 승부차기 끝에 우승했다.
2018-19시즌의 조별리그는 이때와 비슷한 점이 많았다.
조별리그 최종전 직전까지 3위로 밀려있던 순위와 2위
팀과의 승점 차가 3점이었던 부분, 최종전에서 결승골을
터트린 영웅의 존재와 최종전 막판 시간대에 나온 중요한
장면까지. 최종전에서 결승골을 터트린 영웅은 제라드와
살라였다. 이때의 기운이 이어져서일까? 리버풀은 2018-19
시즌 토너먼트에서 좋은 흐름을 이어갔다. 나폴리를 제치고
극적으로 16강에 오른 리버풀은 여섯 번째 빅이어를 향한
도전에 나섰다.

리그 1위, 이러다 우승?

챔피언스리그 조별리그에서 극적으로 16강에 오른 리버풀은
리그에서도 순항을 이어가고 있었다. 리버풀은 2018년

12월 29일에 치른 리그 20라운드 아스날전까지 리그
무패를 달렸다. 리그 성적은 무려 17승 3무였다. 11월 3일
11라운드 아스날전 무승부 이후에는 9연승을 질주했다.
살라는 득점 순위 1위를 달리며 화력을 과시했고, 반다이크
와 알리송이 버티는 수비도 단단했다. 2013-14시즌 이후
모처럼 리그 우승을 노려볼만한 성적을 내고 있었다.
반면 경쟁팀 맨시티는 12월에 고전을 면치 못했다. 그들은
12월 8일에 열린 16라운드 첼시전에서 0-2로 패하며 리그
첫 패를 당했고 이후 18라운드 팰리스전과 19라운드
레스터전에서 2연패를 당했다. 20라운드를 마쳤을 때까지의
성적은 15승 2무 3패. 승점 54점을 달리던 선두 리버풀과는
어느덧 7점 차까지 벌어졌다. 12월에 발목을 잡힌 데미지가
맨시티에 미칠 영향이 커 보였다.
공교롭게도 21라운드에는 두 팀 간 맞대결이 예정되어
있었다. 맨시티는 리버풀과의 차이를 4점으로 좁히기 위해

주심 앤서니 테일러의 손목에서는 골 알람이 울리지 않았다. 골라인 판독기가 상황을 잡아낸 결과 스톤스가 걷어낼 때의 공은 골라인에 아주 살짝 걸쳐 있었다. 결국 위기를 모면한 맨시티는 분위기를 탔고 전반 40분 아구에로의 선제골을 만들어내는 데 성공했다.

후반 64분에 경기의 균형이 다시 맞춰졌다. 알렉산더아놀드가 먼 쪽을 바라보고 올린 크로스를 반대 방향에서 침투하고 있던 앤디 로버트슨이 머리로 잡아냈다. 로버트슨의 머리를 맞고 다시 골문 쪽으로 흐른 공은 좋은 위치를 차지하고 있던 피르미누의 발끝을 향했다. 가볍게 볼을 건드린 피르미누가 득점에 성공하면서 리버풀은 잔잔했던 분위기를 다시 끌어올렸다. 승점이 7점 앞서 있는 리버풀로서는 비기는 것도 나쁜 결과는 아니었다.

하지만 리버풀은 결국 비기지 못했다. 공격이 끊기면서 허용한 맨시티의 역습을 제어하지 못하면서 72분에 사네에게 왼발 슈팅을 허용했다. 결국 경기는 1-2, 리버풀의 패배로 끝났다. 두 팀의 승점 차는 4점 차였다. 리그 우승 경쟁은 후반기에도 이어질 것임을 보여준 결과였다. 살라도 유력한 득점 기회를 잡지는 못했다. 오히려 살라에게 상대 수비가 따라 나오면서 주위 동료들에게 많은 공간을 줬지만 이를 효과적으로 살리지 못했다.

맨시티전 패배에도 불구하고 리버풀은 빠르게 기세를 회복했다. 22라운드 브라이튼전, 23라운드 팰리스전에서 바로 2연승을 챙겼다. 특히 팰리스전에서는 리그 72경기 만에(첼시에서 뛰던 기록 포함) 통산 50골을 달성했다. 살라는 앤디 콜, 앨런 시어러, 뤼트 반니스텔로이에 이어 역대 네 번째로 프리미어리그 50골을 빨리 달성한 선수가 되었다. 이때까지 리그 순위표 1위는 여전히 리버풀이었다.

반드시 승리가 필요했다. 반면 리버풀은 맨시티 원정에서 승리하면 10점 차로 달아나 리그 우승을 사실상 확정할 기회였다. 리그 9연승의 리버풀과 12월에만 3패를 당한 맨시티의 맞대결이었다. 경기 전 예상은 리버풀이 유리하다는 관측이 많았다.

하지만 경기는 리버풀의 뜻대로 풀리지 않았다. 먼저 유력한 득점 기회를 만든 팀은 리버풀이었다. 살라의 패스를 받은 마네가 낮게 깔아 찬 슈팅이 에데르송 골키퍼를 뚫고 골대로 향했지만, 골대를 맞으며 튕겨 나오면서 첫 번째 기회는 무산됐다. 이후 곧바로 두 번째 기회가 찾아왔다. 튕겨 나온 볼을 스톤스와 에데르송이 달려와 처리하려다 동선이 겹치면서 다시 볼이 맨시티 골문 쪽으로 향한 것이다. 득점을 위해 살라는 몸을 들이밀었고 근처에 있던 스톤스도 빠르게 골문으로 향했다. 그리고 스톤스가 최종적으로 볼을 건드리며 일단 골대 밖으로 공을 걷어내는 데 성공했다.

살라의 침묵과 잦은 무승부

커보였던 리버풀과 맨시티의 승점 차는 금방 줄어들었다. 리버풀이 레스터, 웨스트햄, 맨유, 에버튼과의 경기를 무승부하는 동안, 맨시티는 꾸준히 승점을 쌓았다. 결국 리버풀은 맨시티에 선두 자리를 내주고 말았다. 살라에게도 팀 부진의 책임이 있었다. 살라는 1월 19일 23라운드 팰리스전에서 멀티골을 넣은 이후로 1월 30일 레스터전부터 3월 31일 토트넘전까지 리그 9경기에서 1골에 그쳤다. 이 기간에 리버풀의 성적도 5승 4무로 부진했다. 전반기 때처럼 부진하더라도 스탯이라도 쌓는

모습을 보여주지 못했다. 특히 더비 매치에 약한 면모를
보이면서 팀의 리그 선두 경쟁에 힘이 되어주지 못했다.
이때 살라는 리버풀 소속 통산 프리미어리그 골 기록이
49골에서 멈춰있었다. 빠르면 빠를수록 종전 토레스를 넘어
기록을 쓸 수 있었기 때문에 살라가 아홉 수에 걸린 게
아니냐는 의심도 나왔다.

리버풀은 29라운드 에버튼전 0-0 무승부 이후 30라운드
번리전부터 다시 연승을 질주하며 승점 획득에 나섰다.
살라의 경기 내용도 번리전부터 점점 좋아졌다. 하지만
이미 맨시티에 1위 자리를 넘겨준 터라 자력으로 선두에
오를 수는 없었다. 리버풀은 최대한 연승을 이어가며 많은
승점을 확보한 뒤 경쟁팀 맨시티가 미끄러지기를 바라야
했다. 하지만 맨시티의 페이스는 흐트러짐이 없었다. 그들의
리그 연승 행진은 좀처럼 끝날 기미가 보이지 않았다.

1패 준우승, 아쉬움을 삼키다

살라의 공격 포인트는 33라운드 사우스햄튼전부터 다시
나왔다. 그는 팀이 1-1로 비기고 있던 후반 80분에
센터서클 아래 지점에서부터 볼을 운반하며 역습 기회를
만들었다. 자신을 가로막던 수비 3명 사이에서 슈팅 각도를
만들어낸 살라는 오른쪽 구석을 찌르는 왼발 슈팅으로 팀이
앞서가는 골을 터트렸다. 살라는 리그에서 두 달 만에, 7경기
만에 골을 기록했으며 이 골은 살라의 리버풀 소속
프리미어리그 50번째 골이었다.

살라는 69경기 만에 리버풀 소속으로 리그 50골을
터트렸다. 이는 리버풀 역대 선수 중 최단 경기
프리미어리그 50골 기록으로 종전 기록 보유자인 페르난도
토레스보다 빨랐다. 프리미어리그 출범 후 단일 구단
기준으로는 역대 세 번째로 빠른 50골을 달성했다. 살라보다
앞선 선수는 66경기 만에 50골을 달성한 블랙번의 앨런
시어러, 68경기 만에 50골을 달성한 뤼트 반니스텔로이
뿐이었다. 리버풀도 어느덧 리그 4연승을 질주했다.

우승 도전의 고비가 될 수 있는 다음 일정은 첼시전이었다.
4-3-3 전술을 들고나온 첼시는 에메르송 팔미에리를 왼쪽
풀백에, 안토니오 뤼디거를 왼쪽 센터백에 세워 살라에 대한
협력 수비를 걸었다. 하지만 살라는 오른쪽으로 날아온 전환
패스를 받은 직후 에메르송을 드리블로 제쳐버린 뒤 왼발로

과감하게 중거리 슛을 때리며 첼시의 골망을 흔들었다. 살라와 골문 간의 거리는 무려 22미터나 되었다. 살라의 왼발을 떠난 공은 위로 솟아오르며 케파의 팔을 지나 골대에 꽂혔다.

골을 넣은 살라는 요가 동작을 취하며 이전과 다른 세레모니를 선보였다. 마네의 선제골이 터진 뒤 2분 만에 터진 골이라 리버풀 팬들의 기쁨은 더했다. 현장에서 예술적인 골을 감상한 안 필드의 홈 관중들은 살라에게 열렬한 환호를 보냈다. 이 골은 2018-19시즌 리버풀 올해의 골로 선정됐다. 살라가 바젤 시절부터 첼시를 상대로 넣은 개인 통산 5번째 골이기도 했다.

리버풀은 첼시전을 2-0으로 승리했다. 이 승리로 리버풀은 리그 26번째 승리를 챙겼다. 그리고 리버풀 구단 역사상 프리미어리그 단일 시즌 최다승과 타이(2013-14시즌)를 이루게 됐다. 1978-79시즌에 단일 시즌 30승을 거둔 이후로는 구단의 1부 리그 역사상 최다승 시즌(2013-14 시즌, 2018-19시즌)이기도 했다. 자신의 리버풀 소속 100번째 출전 경기였던 4월 26일 36라운드 허더즈필드전 에서는 2골을 기록했다. 그는 리버풀 소속 100경기에서

69골을 집어넣었다.

리버풀은 살라의 선전과 막판 연승에도 불구하고 프리미어리그 출범 후 첫 우승에 실패했다. 경쟁 팀 맨시티도 24라운드 뉴캐슬전 패배를 마지막으로 14연승을 챙겼기 때문이다. 결국 1월에 있었던 맞대결에서의 패배, 살라가 부진할 때와 맞물린 레스터전-웨스트햄전-맨유전-에버튼전 무승부의 결과가 준우승으로 이어지고 말았다. 조금 더 일찍, 자력으로 1위를 지키고 있던 타이밍에 연승을 달릴 수 있었다면 어땠을지에 대한 미련이 진하게 남는 시즌이었다.

살라는 리그 38경기에 모두 출전해 22골을 넣었다. 중후반기 부진으로 인해 직전 시즌 32골보다 득점수는 줄어들었지만 2년 연속 득점왕 도전에 성공했다. 두 시즌 연속 20골 이상을 넣은 리버풀 선수는 2012-13, 2013-14 시즌의 루이스 수아레스 이후 처음이었다. 리버풀은 1패 준우승을 차지했다. 이때 리버풀이 거둔 97점의 승점은 역대 프리미어리그 승점 3위의 기록으로 유럽 5대 리그 역사상 최다 승점 준우승의 사례를 남겼다.

득점왕경쟁

살라 / 마네 / 오바메양 / 아구에로

COMPETITION

4명의 선수가 엉겨 붙는 치열한 경쟁 끝에 최종 득점왕은 사디오 마네(리버풀)와 피에르에메릭 오바메양(아스날), 모하메드 살라(리버풀)의 몫이었다. 프리미어리그는 득점 수가 같을 경우 경기 수와 관계없이 득점왕 타이틀을 공동으로 수상한다. 역대 프리미어리그 공동 득점왕은 1997-98시즌 (18골 / 디온 더블린(코벤트리), 마이클 오언(리버풀), 크리스 서튼(블랙번)), 1998-99시즌 (18골 / 지미 플로이드 하셀바잉크(리즈), 마이클 오언(리버풀), 드와이트 요크(맨유)), 2010-11시즌(20골 / 디미타르 베르바토프(맨유), 카를로스 테베즈(맨시티))에 이어 2018-19시즌이 네 번째 사례였다. 한 골 차로 마지막까지 득점왕 경쟁에 참여한 세르히오 아구에로(맨시티)의 득점 페이스도 비교해 볼 만하다. 살라는 이들과의 치열한 경쟁 끝에 2년 연속 득점왕 타이틀을 거머쥐었다.

	살라	마네	오바메양	아구에로
1R	1 ⚽	2 ⚽⚽	0	0
2R	1	3 ⚽	0	3
3R	2 ⚽	3	0	3 ⚽⚽⚽
4R	2	4 ⚽	1 ⚽	3
5R	2	4	1	3
6R	3 ⚽	4	2 ⚽	4 ⚽
7R	3	4	2	5 ⚽
8R	3	4	4 ⚽⚽	5
9R	4 ⚽	4	6 ⚽⚽	6 ⚽
10R	5 ⚽	6 ⚽⚽	7 ⚽	6
11R	5	6	7	7 ⚽
12R	6 ⚽	6	7	8 ⚽
13R	7 ⚽	6	8 ⚽	8
14R	7	6	10 ⚽⚽	8
15R	7	6	10	8
16R	10 ⚽⚽⚽	6	10	8
17R	10	7 ⚽	10	8
18R	11 ⚽	7	12 ⚽⚽	8
19R	12 ⚽	7	13 ⚽	8
20R	13 ⚽	8 ⚽	13	9 ⚽
21R	13	8	14 ⚽	10 ⚽
22R	14 ⚽	8	14	10
23R	16 ⚽⚽	9 ⚽	14	10
24R	16	10 ⚽	15 ⚽	11 ⚽
25R	16	11 ⚽	15	14 ⚽⚽⚽
26R	17 ⚽	12 ⚽	15	17 ⚽⚽⚽
27R	17	12	15	17
28R	17	14 ⚽⚽	16 ⚽	18 ⚽
29R	17	14	16	18
30R	17	16 ⚽⚽	17 ⚽	18
31R	17	17 ⚽	17	18
32R	17	17	17	19 ⚽
33R	18 ⚽	17	17	19
34R	19 ⚽	18 ⚽	18 ⚽	19
35R	19	18	19 ⚽	19
36R	21 ⚽⚽	20 ⚽⚽	19	20 ⚽
37R	22 ⚽	20	20 ⚽	20
38R	22	22 ⚽⚽	22 ⚽⚽	21 ⚽

NEVER GIVE UP

C조 2위로 16강에 오른 리버풀은 E조 1위 바이에른 뮌헨을
만났다. 리버풀의 조 추첨 운이 좋지 않다고 여겨졌지만,
예상을 깨고 뮌헨을 합계 스코어 3-1로 잡아내며 8강에
진출했다. 홈에서 열린 1차전은 0-0으로 비겼지만, 2차전
원정에서 3-1 승리를 거뒀다. 하지만 살라가 승리의 주역이
되지는 못했다. 이날 승리에는 멀티골을 넣은 마네의 활약이
빛났다.

8강에서는 2년 연속 포르투를 상대했다. 직전 시즌
16강에서 포르투를 격파한 바 있는 리버풀은 이번에도
손쉽게 포르투를 제압했다. 1차전에서 케이타와 피르미누의
골로 손쉽게 2-0 승리를 챙긴 것이 주효했다. 살라는 2차전
원정 경기에서 1골 1도움을 기록하며 해당 시즌
챔피언스리그 토너먼트 첫 골을 기록했다.

4강 상대는 바르셀로나였다. 1차전부터 악명 높은 캄프 누
원정길을 떠나야 했다. 최전방 공격수 피르미누가 컨디션
난조로 선발에서 빠졌다. 이날 피르미누를 대신해 최전방
공격수이자 가짜 9번 역할을 소화했던 선수는 죠르지뇨
베이날둠이었다. 베이날둠은 경기에 나선 78분 동안 넓게
움직이며 볼 간수와 연계에 주력했지만, 피르미누만큼

전술의 연결고리 역할을 톡톡히 해내진 못했다. 게다가
전반 24분 만에 당시 폼이 좋았던 나비 케이타가 부상으로
나간 것도 리버풀 입장에선 아쉬운 일이었다.

결국 리버풀 출신 루이스 수아레스가 전반 26분 만에
선제골을 넣었고 후반에는 리오넬 메시의 두 골이 터지면서
0-3으로 패했다. 리버풀은 일주일 뒤에 안 필드에서 열릴
4강 2차전 경기에 총력을 기울여야 했다. 결승에 진출할
확률은 낮지만 홈에서도 1차전처럼 무기력한 모습을 보일
수는 없었다. 경기장에 와 있는 안 필드의 팬들은 1차전 경기
결과를 떠나 열렬한 응원을 보내줄 것이 당연했다. 이들의
응원에 보답하기 위해서는 마지막까지 최선을 다해야 했다.
하지만 악재가 겹쳤다. 바르셀로나와의 4강 1차전이 끝난 뒤
주말에 가진 리그 뉴캐슬전에서 살라가 부상을 당한 것이다.
살라는 공중볼 경합 중 뉴캐슬의 두브라브카 골키퍼와
부딪혔다. 그라운드에 누워 오랫동안 통증을 호소했던
살라는 결국 들 것에 실려 나갔다. 살라는 2차전 출전이
불가능했다. 설상가상 주축 공격수 피르미누의 부상 회복도
늦어졌다. 결국 리버풀은 4강 2차전에서 마네, 오리기,
샤키리를 스리톱으로 세운 채 경기에 나섰다.

살라는 'NEVER GIVE UP'이라는 글이 적힌 검은색 티셔츠를

입고 안 필드 관중석에서 경기를 지켜보고 있었다. 살라의 티셔츠에 있던 글처럼 리버풀은 포기하지 않았다. 시작부터 롱패스를 적극적으로 뿌리며 측면을 공격했다. 측면 풀백과 윙에게 볼이 가는 동안 나머지 공격수와 미드필더들은 박스 안 침투에 집중했다. 이 방법으로 리버풀은 헨더슨의 슈팅 후 나온 세컨볼을 오리기가 받아 넣으며 전반 7분 만에 선제골을 기록했다.

바르셀로나는 리버풀의 압박과 공격진의 움직임에 당황한 기색이 역력했다. 리버풀의 압박을 한 두 번 뚫고 나서도, 반다이크의 수비와 알리송의 선방에 가로막혔다.

전반 중반엔 바르셀로나에도 기회가 있었다. 하지만 메시와 쿠티뉴의 슈팅이 연달아 알리송에게 막혀 점수 차를 벌리진 못했다. 리버풀도 활발히 공격을 이어갔지만, 추가골이 쉽게 나오진 않았다. 일단 전반은 1-0으로 끝났다. 하지만 경기가 이대로 끝날 것 같지는 않은 분위기였다.

하프 타임에 리버풀은 부상을 당한 왼쪽 풀백 로버트슨을 빼고 베이날둠을 투입했다. 중앙 미드필더였던 밀너가 풀백으로 내려갔고 베이날둠이 중앙 미드필더로 배치됐다.

후반에는 전반 내내 실수가 잦았던 샤키리의 크로스 구질이 살아났다.

부상으로 빠진 살라를 대신해 오른쪽 윙포워드로 기용된 샤키리는 교체 투입된 베이날둠이 박스로 침투할 때마다 좋은 호흡을 보였다.

후반 54분, 기습적으로 박스로 들어간 베이날둠이 비달을 뚫고 아놀드가 크게 꺾어놓은 크로스를 오른발로 마무리지었다. 이 경기의 두 번째 골, 리버풀과 바르셀로나의 합산 스코어 차이는 한 골 차로 좁혀졌다. 그리고 2분 뒤, 왼쪽으로 이동한 샤키리가 올려준 크로스를 보고 골문 앞에 있던 베이날둠이 하늘로 높게 뛰었다. 정확하게 타이밍을 맞춘 베이날둠은 그대로 크로스에 머리를 갖다 댔다. 3-3, 동점! 1차전 캄프 누에서 당한 0-3 대패의 기억은 안 필드에서 소멸했다.

경기장에 와있던 살라와 피르미누, 레전드 스티븐 제라드의 표정이 밝아졌다. 이들은 계속 박수를 보내며 리버풀의 경기 역전을 응원했다. 후반 79분, 코너킥 상황이었다. 아놀드는 코너킥 스폿에 볼을 올려두고 동료들이 다 올라오지 않은 것을 확인한 뒤 뒤로 물러나고 있었다. 바르셀로나 수비진도 리버풀 선수들이 다 올라오면 어떻게 수비를 가져갈지 구상 중이었다.

그때 아놀드가 기습적으로 몸을 돌렸다. 아놀드는
바르셀로나 수비진이 방심한 사이를 노리기 위해 재빠르게
코너킥을 올렸다. 바르셀로나 수비진은 자리를 잡지 못했고
골문 앞에 있던 오리기가 어떠한 저항도 받지 않은 채
오른발로 바르셀로나의 골문을 뚫었다. 4-3! 리버풀은
안 필드에서 0-3의 경기를 4-3으로 뒤집었다.

잃을 게 없는 자들이 더 무섭다. 리버풀은 0-3의 패배에
좌절하지 않고 해볼 때까지 해보자는 마음으로
어느 때보다 과감하게 준결승 2차전 경기에 임했다.
시작부터 안 필드의 관중들은 리버풀 선수들에게 열렬한
응원을 보냈다. 결국 리버풀은 또 한 번 기적을 만들었고
2년 연속 챔피언스리그 결승 진출을 이뤄냈다. 이 경기는
챔피언스리그 역사상 토너먼트에서 3점 차 이상 경기를
뒤집은 네 번째 사례가 됐다(2003-04 8강 데포르티보
4-0 밀란, 2016-17 16강 바르셀로나 6-1 PSG,
2017-18 8강 로마 3-0 바르셀로나).

여섯 번째 빅이어를 들다

챔피언스리그 트로피의 이름은 '쿠프 데 클뤼브 샹피옹
에우로페앙(Coupes des Clubes Champions Européens)'
이다. 하지만 트로피의 손잡이가 사람의 귓바퀴와 비슷해
주로 '빅이어'라는 명칭으로 불린다. 빅이어 진품은
챔피언스리그 우승팀에게 수여되며 우승팀은 다음 시즌
챔피언스리그 결승전 두 달 전까지 소유할 수 있다.
이후에는 트로피의 축소 모형을 소장하게 된다.

하지만 시간이 지나고도 축소 모형이 아닌 빅이어 진품을
영구 소장할 수 있는 5개의 유럽 구단이 있다. 이들은 대회
3회 연속 우승을 달성했거나 통산 5회 우승을 달성한
팀으로 레알 마드리드(1966년, 자격 충족은 1958년이나
당시엔 규정이 없어 8년 뒤 수여 진행), AFC 아약스(1973년
3회 연속 우승), 바이에른 뮌헨(1976년 3회 연속 우승),
AC 밀란(1994년 통산 5회 우승), 리버풀(2005년 통산 5회
우승)뿐이다. 이 규정이 2009년에 폐지되면서 현재까지
빅이어를 영구 소장 중인 팀은 5팀뿐이다.

리버풀은 이스탄불의 기적을 쓴 2004-05시즌에 대회
다섯 번째 우승을 차지하며 빅이어 영구 소장 팀이 됐다.

잉글랜드 팀 중에선 유일하며 현재까지도 잉글랜드에서 챔피언스리그를 가장 많이 들어 올린
팀 자리에 올라가 있다. 2010년부터 2017년까지 암흑기가 오면서 2014-15시즌을 제외한
여섯 시즌 동안 챔피언스리그 본선에 오르지 못했던 시기도 있었다. 하지만 클롭 감독 부임 후
2017-18시즌, 2018-19시즌에 연속으로 결승에 오르면서 리버풀은 다시 명문 구단의 위용을
되찾았다. 리버풀의 상대 팀은 구단 역사상 첫 챔피언스리그 우승에 도전하는 토트넘
홋스퍼였다. 토트넘은 마우리시오 포체티노 감독이 부임한 2014년부터 프리미어리그에서 5위,
3위, 2위, 3위를 기록하며 점점 리그 상위권 입지를 굳혀갔다. 그들은 자국을 넘어 유럽에서도
강호로 인정받기 위해 마지막 숙제인 챔피언스리그 우승을 열망하고 있었다.

토트넘도 4강에서 기적을 쓰며 결승에 올랐다. 토트넘은 홈에서 가진 아약스와의 4강 1차전에서
0-1로 패했다. 2차전에서도 마티아스 더 리흐트와 하킴 지예흐에게 전반에만 2실점을 허용하며
끌려다녔다. 점수는 0-3. 결승 진출을 위해 토트넘에 필요한 골은 3골이었다. 후반전이 되자
루카스 모우라가 각성했다. 모우라는 55분과 59분에 연속골을 터트렸고, 모두가 낙담하던
90+6분에 결승 진출을 확정 짓는 골을 넣으며 경기를 뒤집었다. 토트넘의 역사상
첫 챔피언스리그 결승 진출이 이뤄진 순간이었다.

기적을 쓰며 올라온 두 팀 간의 결승이지만 경기는 예상외로 싱겁게 끝났다. 전반 시작 20초
만에 마네의 크로스를 막던 토트넘의 무사 시소코가 핸드볼 파울을 범했다. 살라가 페널티킥
키커로 나섰고 경기 시작 1분 47초 만에 선제골을 넣었다. 챔피언스리그 결승 역사상 파울로
말디니(2004-05 결승 vs 리버풀, 50초) 다음으로 두 번째로 빨리 터진 골이었다. 1년 전엔
이른 부상으로 결승 도중 나가야 했던 살라는 1년 뒤 이른 선제골을 기록하며 한을 풀었다.
경기 내내 양 팀은 신중한 모습을 보였다. 골을 넣은 리버풀은 무리하지 않고 자기 진영에
숫자를 많이 두며 실점하지 않는 데 주력했다. 토트넘도 추가 실점에 대한 우려 때문에
모험 수를 던지진 않았다. 가끔 공격에 나가더라도 리버풀의 단단한 수비에 틀어막히기
일쑤였다. 이전까지 당한 부상 여파로 감각이 저하된 해리 케인을 선발로 세운 것도 독이 됐다.
케인은 경기 내내 무거운 몸놀림을 보이며 팀 공격에 영향을 미치지 못했다.

시간이 지날수록 공격이 잘 풀린 쪽은 리버풀이었다. 적은 숫자의 공격수만 올리고도
쉽게 슈팅을 만들었다. 살라도 경기 내내 좋은 모습을 보였다. 볼 간수와 연계, 박스 안 침투로
존재감을 드러내며 토트넘의 수비를 위협했다. 70분대에 공격적으로 라인을 올린 토트넘이
잠시 흐름을 잡기도 했지만, 그들의 슈팅은 알리송 골키퍼의 선방에 빈번히 막혔다. 83분,
토트넘은 밀너의 반칙으로 프리킥을 얻었고 이를 에릭센이 강하게 구석으로 처리했지만,
알리송의 선방에 막혀 무산됐다.

결국 87분, 바르셀로나전에 이어 디보크 오리기가 두 경기 연속골을 터트리며 승리에 쐐기를
박았다. 토트넘 수비의 시야에서 벗어나 박스 내 왼쪽 외곽 지역으로 잘 빠져들어 간 오리기는
구석을 향하는 강한 왼발 슈팅으로 득점을 기록했다. 추가 시간 동안 있었던 손흥민의 슈팅마저
알리송이 막아내며 경기는 2-0 리버풀의 승리로 끝났다.

1년 전 준우승의 아픔을 말끔히 씻어내며 구단 역사상 여섯 번째 빅이어를 들어 올렸다.
살라는 조별리그 3차전 즈베즈다전 2골, 조별리그 최종전 나폴리전 1골, 16강 2차전 뮌헨전
1도움, 8강 2차전 포르투전 1골 1도움, 결승 토트넘전 1골을 넣어 해당 시즌 챔피언스리그
12경기 5골 2도움을 기록했다. 이중 나폴리전에 넣은 결승골이 하이라이트였다. 리버풀을
기적적으로 16강에 이끈 살라의 골이 없었다면 안 필드의 기적도, 여섯 번째 빅이어도
없었을 것이다.

살라의 활약이 꾸준하지 않았던 이유

2017-18시즌과 비교해 살라의 활약은 꾸준하지 못했다. 전반기와 중반기엔 괜찮은 스탯을 기록했지만, 내용이 아쉬웠고 중후반기인 1월 말부터 3월 말까지는 스탯을 추가하는 것마저 어려움을 겪었다. 이 기간에 살라는 리그 1골에 그쳤다. 당시 살라의 활약이 꾸준하지 않았던 이유는 이전 시즌부터 이어진 체력적인 부담과 시즌 초 어깨 부상의 여파, 늘어난 집중 견제 등이 있었지만, 전술적인 문제 또한 있었다. 여기서는 당시 전술이 살라의 플레이에 어떤 영향을 미쳤는지를 다뤄보고자 한다.

중반기 살라는 2017-18시즌과 다르게 최전방 공격수로 기용되는 일이 잦았다. 클롭 감독은 이적생 파비뉴와 베이날둠, 헨더슨 등의 미드필더를 더블 볼란치로 조합하고자 했고 그래서 4-2-3-1 혹은 4-2-2-2 대형이 11월부터 플랜 A로 활용됐다. 이때 오른쪽 윙포워드에는 이적생 샤키리가 기용됐다. 샤키리는 특유의 왼발 킥으로 동료의 골을 돕는 데 탁월한 모습을 보였다. 세트피스 상황에서도 왼발 키커로 존재감을 드러냈다. 클롭 감독은 샤키리와 마누라 라인의 공존을 위해 살라를 톱으로 전진 배치했다.

톱으로 전진 배치된 살라는 특유의 침투 능력과 움직임을 바탕으로 박스 안에서 골 냄새를 잘 맡았다. 실제로 중반기 골 기록에는 문제가 없었다. 하지만 전문 톱이 아니었기 때문에 경기 내용면에선 갈수록 아쉬운 모습

이 이어졌다. 자신에 대한 센터백의 견제가 있을 때마다 고립되는 일이 많아졌고 오른쪽 윙포워드 샤키리의
폼도 갈수록 떨어지며 점점 4-2-3-1 전술의 한계가 드러났다. 이 시기에 톱 살라는 골 넣는 것 이외엔 아쉽다
는 평가가 많았다.

6라운드 사우스햄튼전에서 이러한 특징이 보였다. 톱으로 나선 전반전에는 샤키리의 프리킥 덕에 나온 세컨볼
을 받아 넣으며 골을 기록했지만, 대부분의 시간 동안 상대 수비에 고립됐다. 후반전에 오른쪽 윙포워드로 위
치를 바꾸고 나서야 경기력이 살아났다. 13라운드 왓포드전에서도 톱으로 나온 전반엔 부진했으나 오른쪽 윙
포워드로 위치를 바꾼 후반 중반부터 움직임과 연계가 살아났다. 주포지션인 오른쪽 윙포워드 자리에서 살라
는 더 편하게 플레이에 임했다.

다행히 톱 자리에서 득점을 기록하는 데엔 크게 문제를 드러내지 않았다. 그래서 이 기간에 살라는 꾸준히 득

4 - 2 - 3 - 1

점 기록을 남겼고 팀도 연승을 이어갔다. 하지만 팀과 살라의 경기력이 점점 저하되는 문제를 가만히 두고 볼 수는 없었다. 레스터전, 웨스트햄전에서의 연이은 무승부 이후 리버풀은 다시 정석과 같은 4-3-3 전술로 돌아왔고 살라는 중후반기 오른쪽 윙포워드로 고정돼서 뛰기 시작한다.

하지만 정작 중후반기엔 살라의 득점력이 크게 떨어졌다. 팀 전술의 전방 압박 강도가 줄어든 것이 한몫했다. 클롭 감독은 2018-19시즌 들어 강도 높은 전방 압박 전술을 유지하지 않았다. 리버풀을 상대하는 팀들은 2017-18시즌 후반기부터 수비에 집중한 뒤 역습 한 두 방으로 승부를 보는 전략을 많이 펼쳤다. 때로는 경기 내용과 무관하게 상대 역습 한 두 방에 실점해 이기지 못한 경기들도 있었다.

게다가 강도 높은 압박을 수행하다 보니 주축 선수들이 부상으로부터 자유롭지 못했다. 챔피언스리그를 포함한 여러 대회를 병행하기 위한 체력적인 관리도 필요했다. 클롭은 상대의 선수비 후역습 전략에 말리지 않고, 주축 선수들의 부상과 체력 관리를 위해 공격적인 컨셉을 일부분 내려놓았다.

그래서 리버풀 수비 라인의 평균 높이는 이전 시즌과 비교해 아래로 내려갔다. 대신 상대 역습에 위기를 허용하는 빈도를 대폭 줄여 실점을 최소화하는 데 성공했다. 대신 수비 라인을 내린 만큼 전방 압박은 거의 시도하지 않았고 이에 따라 높은 위치에서 볼을 끊고 역습에 나서는 리버풀 특유의 속공 시도도 덩달아 줄어들었다. 리버풀은 수비 상황에서 무게를 아래로 내렸기 때문에 공격 역시 아래에서부터 출발하는 경우가 많았다. 자기 진영에서 시작되는 패스 위주의 지공이 주된 공격 수단이었다. 2017-18시즌 살라는 전방 압박으로 볼을 끊어

10 마네	9 피르미누	11 살라
5 베이날둠		14 헨더슨
	3 파비뉴	
26 로버트슨	4 반다이크	32 마팁	66 알렉산더 아놀드
	1 알리송	

4 - 3 - 3

낸 뒤 높은 위치에서 시작하는 역습 과정에서 자주 재미를 보았다. 그의 빠른 속도는 역습 상황에 조성되는 넓은 공간을 활용하기에 매우 유리했다. 하지만 팀이 패스 위주의 지공 전술을 쓰면서 살라가 역습에서 재미를 보게 될 일도 크게 줄어들었다. 게다가 약팀은 리버풀을 상대할 때 대부분 라인을 내렸기 때문에 살라가 활용할 만한 공간이 자주 나오지 않았다. 살라에게는 좁은 공간에서도 풀어 나올 수 있는 새로운 무기가 필요했다. 하지만 살라는 한동안 좁은 공간에서 위력을 보여주지 못했다. 2017-18시즌의 활약으로 견제가 더 심해진 탓에 공간이 좁으면 좁을수록 드리블을 펼치는 데 애를 먹었다. 최전방에서는 조금만 움직이면 상대 박스 안으로 진입이 가능했기 때문에 득점 기회를 잡기도 쉬웠다. 하지만 측면으로 빠진 오른쪽 윙포워드 자리에서는 상대의 견제에 의해 밀려 나오며 박스 안으로의 진입 자체에 애를 먹었다. 그래서 드리블이 잘 되는 시기엔 활약을, 그러지 않은 시기엔 애매한 모습을 보이는 일이 많아졌다.

다행히 시간이 지나면서 반다이크와 알리송에 대한 신뢰가 더해진 덕에 클롭 감독은 예전처럼 라인을 올리기 시작했다. 살라도 팀의 압박 강도가 강해지고 높은 위치 볼 탈취 후 역습 빈도가 늘어나면서 막판에는 골 맛을 봤다. 살라는 달라진 포지션, 달라진 전술에 의해 시즌 내내 우여곡절을 겪었지만, 그 와중에도 중요할 때마다 골을 터트리며 팀의 승리를 이끌었다. 결국 팀의 여섯 번째 챔피언스리그 우승에 공헌하며 긍정적으로 시즌을 마무리했다.

02

살라, 경기를
지배하기 시작하다
리버풀 2019-20

트로피와 함께한 시즌 출발

리버풀의 2019-20시즌은 맨시티와의 커뮤니티 실드 결승전으로 시작했다.
맨시티는 지난 시즌 리그와 FA컵을 동시 우승했기 때문에, 리그 준우승 팀인
리버풀과 경기를 치렀다. 살라는 선발로 출발했지만, 득점하지 못했고, 승부차기
끝에 맨시티에 패배했다. 리그 개막전 상대는 승격팀 노리치 시티였다. 살라는
노리치를 상대로 전반 19분에 골을 기록했고, 팀은 4-1 대승을 거뒀다.
이로부터 5일 뒤에는 튀르키예 이스탄불의 베식타슈 파크에서 UEFA 슈퍼컵
결승전이 열렸다. UEFA 슈퍼컵은 전 시즌 챔피언스리그 우승팀과 유로파리그
우승팀이 맞붙는 대회다. 리버풀의 상대 팀은 프랭크 램파드 감독이 새롭게 부임한
첼시였다. 첼시는 리그 개막전에서 맨유 원정을 다녀와 0-4의 대패를 당했다.
램파드의 무모한 공격 전술 운용이 대량 실점의 원인으로 지적됐다. 램파드는
경기 시작부터 라인을 올리며 맞서다가 맨유의 역습에 연이어 실점을 허용하며
무너졌다.
하지만 대량 실점으로 느낀 바가 컸는지 슈퍼컵에서 램파드 감독은 신중한 운영을
펼쳤다. 맨유전과 비교해 수비 라인을 볼의 위치에 따라 유동적으로 조절했다.
게다가 선발로 돌아온 캉테가 중원을 장악하며 첼시의 경기 운영을 도왔다. 전반
36분에 터진 첼시의 선제골도 캉테의 볼 탈취부터 시작됐다. 캉테는 볼을 끊어낸
뒤 곧바로 전진 패스를 뿌렸고 이를 풀리식을 거쳐 지루가 마무리하며 선제골을

기록했다. 반면 로테이션이 가동된 리버풀의 선수단은 첼시를 상대로 힘을 쓰지 못했다.

리버풀은 전반을 0-1로 밀린 채 마쳤다. 상대에게 빼앗긴 흐름을 다시 가져오고자 했던 리버풀은 체임벌린을 빼고 피르미누를 투입했다. 그 덕에 톱으로 선발 출전했던 마네가 후반에는 주포지션인 왼쪽 윙포워드로 복귀했다. 결국 공격진의 연계는 피르미누와 마네를 중심으로 서서히 살아났고 팀의 전방 압박 강도도 올라오면서 리버풀이 흐름을 가져왔다. 리버풀은 후반 시작 3분 만에 압박을 통한 볼 탈취 이후 만들어진 역습 기회를 마네가 골로 연결하며 위기에서 벗어났다.

피르미누의 투입으로 조직력을 회복한 리버풀은 역시 강했다. 하지만 후반을 내내 지배했는데도 골은 쉽게 터지지 않았다. 첼시도 틈틈이 리버풀 진영으로 역습을 시도하며 날카로운 모습을 보였지만 득점에는 실패했다. 정규 시간 동안 승부를 가리지 못한 양 팀은 연장전에 들어갔다. 리버풀은 다시 한번 첼시의 빌드업을 압박으로 저지한 뒤 역습을 통해 재미를 봤다. 94분, 마네가 득점에 성공하며

2-1 리드를 잡았다. 하지만 98분 타미 에이브라함이 페널티킥을 얻어냈고 이를 조르지뉴가 득점으로 연결하며 다시 동점을 만들었다.

결국 양 팀의 승부는 승부차기에서 갈렸다. 노리치전에서 부상을 당한 알리송을 대신해 선발로 나온 아드리안 골키퍼가 영웅이 됐다. 아드리안은 첼시의 다섯 번째 키커 에이브라함의 페널티킥을 막아내며 팀의 슈퍼컵 우승을 이끌었다. 리버풀은 키커로 나선 피르미누, 파비뉴, 오리기, 아놀드, 살라가 모두 페널티킥을 성공시켰다. 리버풀은 통산 네 번째 슈퍼컵 우승을 달성했다.

마네와의 불화설과 초반 기복

살라는 8월 24일 3라운드 아스날전에서 멀티골을 기록했다. 다이아몬드 4-4-2 전술을 들고나온 아스날은 풀백 뒷 공간을 계속 내주며 역습 찬스를 허용했다. 살라는 49분 자신이 얻어낸 페널티킥을 직접 마무리하며 시즌 두 번째 골을 넣었다. 그리고 10분 뒤에는 드리블로 데이비드 루이스를

제쳐낸 뒤 혼자 골문 앞까지 돌파하며 왼발로 세 번째 골을
터트렸다. 살라에게 역습 공간과 찬스를 허용하면 어떤
대가를 치르게 되는지 뼈저리게 느끼게 한 골이었다.

리버풀의 시즌 출발은 순조로웠다. 4라운드 번리 원정에서도
3-0으로 승리하며 8월 리그 4경기를 전승으로 마쳤다.
하지만 내부적으로 일이 터졌다. 번리전 도중 살라와 마네
사이의 갈등이 일어난 것이다. 리버풀은 전반에만 2-0
리드를 만들었고 사디오 마네는 팀의 두 번째 골을 넣으며
1골을 기록한 상태였다. 후반전이 되자 살라도 골 욕심을
내기 시작했다. 피르미누와 마네에게 공간이 있는데도
패스를 주지 않고 두 차례나 무리하게 슈팅을 시도했다.
정작 살라는 자신에게 온 슈팅 기회를 제대로 살리지도
못했다.

그리고 후반 84분, 벤치에서는 피르미누와 마네를 빼고
오리기와 샤키리를 투입했다. 폼이 좋지 않아 보였던 살라는
그대로 남은 시간을 풀 타임으로 소화했다. 교체 아웃된
마네는 코치 쪽을 노려보더니 자신의 이른 교체에 대한
불만을 표시했다. 당시 마네의 제스처는 중계 화면에도

잡힐 정도였다. 당시 소식통들에 따르면 마네는 살라의
욕심과 이기적인 플레이에 대한 불만도 있었다고 한다.
결국 살라는 득점을 기록하지 못했고 경기 후 마네의
제스처는 빠르게 기사화되어 살라와 마네 간의 불화설까지
이어지게 됐다. 클롭 감독과 주장 헨더슨은 인터뷰를 통해
"경기 후 두 사람은 대화로 잘 풀었다"라고 말하며 상황
정리에 나섰다. 실제로 살라와 마네는 훈련과 경기 중에도
서로 잘 붙어 다니는 등 별문제 없이 지냈다.

하지만 살라는 이 일을 의식해서인지 한동안 문전 앞에서
유독 이타적인 모습을 보여줬다. 살라답지 않게 득점
기회에서도 동료를 먼저 살피는 등 연계에 치중하는 모습이
자주 나왔다. 보기에 따라서는 답답하게 느껴질 정도였다.
이 기간에 동료 활용 능력은 좋아졌지만 정작 본인의
득점력은 아쉬웠다. 슈팅을 아끼기도 했지만, 종종 시도했던
슈팅마저 정확도가 높지 않았다. 살라가 4라운드 번리전부터
8라운드 레스터전까지 넣은 골은 리그 1골에 그쳤다. 유일한
골은 5라운드 뉴캐슬전에서 나온 쐐기골이었다.
게다가 8라운드 레스터전에서는 막판에 함자 차우더리의

백태클 때문에 발목 부상을 당했다. 그는 발목 부상 여파로 9라운드 맨유전에 결장했고, 8라운드까지 전승을 달리던 리버풀은 살라가 빠진 맨유전에서 시즌 첫 무승부를 기록했다. 살라는 10라운드 토트넘전에 빠르게 복귀해 바로 득점을 터트리긴 했지만, 불화설과 부상 등의 여파로 중반기까지 기복을 보였다. 이때 살라는 주로 쉬운 기회를 놓치고 어려운 기회를 마무리하는 흐름이 반복됐다.

선두 리버풀의 전승 행진

9라운드 맨유전에 잠시 주춤하긴 했지만, 리버풀은 계속 승점 3점을 쌓았다. 2018-19시즌 38경기 1패를 달렸을 때보다 더 페이스가 좋았다. 9라운드 맨유전 무승부를 제외하면 계속 전승 행진을 이어갔기 때문이다. 챔피언스리그에서도 순항했다. E조에서 나폴리, 잘츠부르크, 헹크와 한 조가 된 리버풀은 4승 1무 1패의 성적으로 조 1위에 올랐다. 살라는 2차전 잘츠부르크전 멀티골, 3라운드 헹크전 1골, 6라운드 잘츠부르크전 1골로 조별리그 6경기 4골 2도움을 기록했다.

리그 10라운드 토트넘전에서 페널티킥으로 팀의 2-1 결승골을 터트린 살라는 12라운드 맨시티전에서도 골을 터트렸다. 이 경기에서 리버풀의 경기력은 환상적이었다. 스코어는 3-1이었지만, 경기 내용과 기세는 3-1 이상의 차이가 나보였다.

리버풀은 경기 시작 6분만에 파비뉴의 중거리 슛으로 선제골을 기록했다. 이를 시작으로 살라와 마네의 득점에 힘입어, 직전 시즌 리그 우승 경쟁에서 밀린 것에 대한 확실한 복수를 해냈다. 11승 1무를 달리던 리버풀은 승점 34점을 획득했고 2위 레스터와의 승점 차를 8점으로, 맨시티와의 승점 차는 9점으로 벌렸다. 리버풀의 성적은 프리미어리그 출범 이후 12라운드 기준 2011-12시즌 맨시티, 2017-18시즌 맨시티가 세운 역대 최다 승점과 타이를 이뤘다. 강적 맨시티를 잡아낸 리버풀은 리그 우승의 가능성을 키웠다.

살라는 이 시기 쉬운 찬스를 자주 놓치는 등 기복을 보였다. 클롭 감독은 발목 부상을 당했던 살라의 체력 안배에 힘썼다. A매치 및 연이은 주말-주중 일정의 여파가 있던 13라운드 팰리스전과 15라운드 에버튼전에는 휴식을 취하기도 했다. 이전까지 철강왕처럼 매 경기 풀타임을 뛰던 행보와는 대조적이었다.

하지만, 이 기간동안 리버풀의 기세는 꺾일줄 몰랐다. 맨시티전 이후로도 팰리스, 브라이튼, 에버튼을 연달아 잡으며 단독 선두 자리를 굳혔다.

세계 챔피언이 되다

12월 7일 본머스전에서 살라는 프리미어리그 100번째 경기를 치렀다. 이날 살라는 1골 1도움을 기록하며 팀의 3-0 승리에 기여했다. 케이타의 골을 도울 땐 센스 있는 힐 패스를 선보였고 득점 상황에서는 역습 찬스에서 순간적인 배후 침투로 본머스 수비를 공략했다. 3일 뒤 챔피언스리그 조별리그 최종전 잘츠부르크전에서도 골을 기록하며 좋은 분위기를 이어갔다.

이후 주말에 치른 왓포드전에서는 멀티골을 넣었다. 나이절 피어슨 감독이 새롭게 부임한 왓포드의 경기 내용이 좋았는데도 38분과 90분에 터진 살라의 골 덕에 리버풀이 2-0으로 승리했다. 살라는 12월에 출전한 리그 2경기, 챔피언스리그 1경기에서 모두 골을 넣었다. 폼을 회복한 살라는 챔피언스리그 우승팀 자격으로 진출한 2019 FIFA 클럽 월드컵에서의 활약을 예고했다.

카타르에서 개최된 클럽 월드컵 준결승 상대는 북중미 챔피언스리그 우승팀인 멕시코의 CF 몬테레이였다. 클롭 감독은 이 경기에서 로테이션을 가동했다. 헨더슨이 센터백, 밀너가 오른쪽 풀백, 랄라나가 수비형 미드필더로 출전했으며 마누라 라인 중에는 살라만 유일하게 선발 출전했다. 질병, 부상 등의 이유로 빠진 주전들을 대신한 급조된 수비 라인은 경기 내내 불안함을 보였다. 하지만 교체 투입된 피르미누가 투입 후 6분이 지난 91분에 결승골을 넣으며 리버풀이 2-1로 승리했다. 살라는 전반 12분 케이타의 골을 도우며 클럽 월드컵 첫 스탯을 기록했다.

결승 상대는 남미 챔피언스리그 우승팀인 브라질의 CR 플라멩구였다. 다행히 부상으로 빠진 수비진이 대거 복귀하면서 결승에는 베스트에 가까운 라인업이 출격했다. 공격진도 마누라 라인이 결성됐다. 살라는 준결승에 이어 두 경기 연속으로 선발 출전했다. 살라는 볼을 잡을 때마다 좋은 경기 내용을 보였다. 하지만 팀은 쉽게 골을 기록하지 못했다. 경기력은 두 팀 모두 비등비등했다. 결국 0-0 균형을 깨지 못한 채 경기는 연장으로 이어졌다. 준결승 때 영웅이 된 피르미누가 다시 한번 주인공이 됐다.

연장 99분 헨더슨의 롱패스에 이은 마네의 패스를
피르미누가 골키퍼까지 제쳐낸 뒤 골로 연결하며 리버풀의
1-0 리드를 가져왔다. 120분까지 리드를 지킨 리버풀은
구단의 첫 번째 클럽 월드컵 우승을 차지했다. 한 해에
UEFA 챔피언스리그, UEFA 슈퍼컵, FIFA 클럽 월드컵을
모두 우승한 사례는 잉글랜드 구단 역사상 최초였다.
살라는 두 경기 모두 선발로 나와 결승전 연장까지 120분을
소화하며 210분의 출전 시간을 기록했다. 준결승에서
나비 케이타의 선제골을 도우며 MOM으로 선정됐고,
좋은 경기 내용을 결승전에서도 보여줬다. 그래서 살라는
골이 없는데도 클럽 월드컵 최고의 선수에게 주어지는
아디다스 골든 볼을 수상했다.

맨유와의 악연을 극복하다

살라는 리버풀로 이적한 뒤에 맨유를 처음 만났다. 과거
첼시 시절에도 맨유를 만날 뻔하긴 했지만, 첫 시즌인
2013-14시즌 후반기엔 맨유와의 일정이 잡혀있지 않았고,
2014-15시즌 전반기 맨유전에는 벤치에 머물렀다.
살라의 첫 맨유전은 안 필드에서 열린 2017년 10월 14일
리그 8라운드 경기였다. 첼시 시절 스승이자 끝내 자신을
외면했던 주제 무리뉴 감독을 상대로 살라는 선발로
출전했다.
팀원들이 때린 여러 차례의 슈팅은 다비드 데 헤아 골키퍼의
선방에 막혔다. 살라가 때린 슈팅은 대부분 빗맞거나 골문을
살짝 외면했다. 평소보다 잔실수를 자주 범하면서 부진한
경기 내용을 보였다. 결국 살라의 첫 맨유전은 0-0 무승부로
끝났다. 원정에서 치른 시즌 두 번째 맞대결에서는 오히려
1-2로 패했다. 래쉬포드가 경기 초반 멀티골을 넣는 동안
살라는 침묵했다. 리버풀의 후반기 리그 3연승에도 제동이
걸린 경기였다.
2018-19시즌 첫 번째 맞대결에서는 살라 개인 통산 맨유전
첫 승을 거뒀다. 팀은 안 필드에서 마네의 골과 샤키리의
멀티골에 힘입어 3-1로 승리했고 이 경기 패배로 인해 주제
무리뉴 감독은 맨유에서 경질됐다. 하지만 최전방 공격수로
출전한 살라는 맨유 선수 3명에게 집중 견제를 당하며
고전했다. 원정에서 치른 시즌 두 번째 맞대결에서는
루크 쇼, 안데르 에레라의 협력 수비에 막혀 고립됐다.
부진했던 살라는 후반 79분에 교체 아웃됐다.
팀은 0-0 무승부에 그쳤고 이 결과는 리그 준우승에

큰 영향을 미쳤다.
2019-20시즌 첫 번째 맨유전은 직전 레스터전에 당한
발목 부상으로 인해 명단에서 제외됐다. 살라가 빠진
리버풀은 맨유 원정에서 1-1 무승부에 만족했다. 이때까지
살라는 자신의 노스웨스트 더비 4경기에서 단 하나의 공격
포인트도 기록하지 못했다. 결과는 1승 2무 1패. 부상으로
결장한 2019-20시즌 전반기 맞대결까지 포함하면 1승 3무
1패였다. 팬들은 라이벌전에서 살라가 더 나은 활약을
보여주길 바랐다. 현지 맨유 팬들은 맞대결을 앞두고
'살라가 더비만 되면 작아진다'라고 말하며 도발에 나섰다.
그리고 2020년 1월 19일, 살라의 개인 통산 다섯 번째
맨유전 출전 기회가 왔다. 살라는 자신이 출전한 12월
전체 대회 7경기 중 4경기에서 득점을 기록했다. 득점하지
못한 경기에서도 빼어난 경기 영향력을 보여줬다.
더비 매치를 앞두고 살라의 컨디션을 끌어올린 상태였다.
그래서인지 살라는 경기 전부터 맨유전에 대해 자신감을
내비쳤다. 이때까지 통산 공격 포인트가 없었던 걸 생각하면
놀라운 반응이었다.
23라운드 맨유전 이전까지 리버풀은 리그에서 20승
1무의 성적을 내고 있었다. 리버풀이 이기지 못한 유일한
상대는 맨유였다. 전반기 맞대결에서 리버풀은 랄라나의
동점골로 원정에서 1-1 무승부를 기록했다. 경기 전
한 기자가 "2019-20시즌 유일하게 리버풀의 승점을
가져간 팀인 맨유를 상대한다. 이에 대한 생각은?"이라고
질문을 던지자 살라는 "그 경기는 내가 결장한 경기였다.
이번엔 다를 것이다"라고 답했다. 기자는 살라가 빠진
지난 경기에 대한 생각을 살라에게 묻고 있었다.
이에 살라는 우문현답에 가까운 답변을 남겼다.
실제로 살라의 경기 내용은 이전 맨유전과 달랐다. 백스리를
준비한 맨유의 수비수들과 적극적으로 경합에 나섰고 이 중
대부분을 승리하며 자리싸움에서 이겼다. 맨유는 직전 시즌
맞대결에서 살라를 틀어막은 적 있는 루크 쇼를 왼쪽
스토퍼로 배치하며 백스리 전술을 준비했다. 센터백
루크 쇼와 왼쪽 윙백 브랜든 윌리엄스의 협력 수비로 살라를
막으려는 계획이었다. 하지만 살라는 루크 쇼를 상대로도
적극적으로 드리블을 치며 기회를 창출했다.
리버풀은 전반 14분 아놀드의 코너킥을 반다이크가 헤더로
마무리하며 1-0으로 앞서갔다. 하지만 이후 슈팅은 빈번히
골대를 외면하고 말았다. 베이날둠이 넣었던 골은
오프사이드로 취소되기도 했다. 이대로 끝나도 경기에서는

승리했지만, 리버풀 팬들은 무언의 부족함을 느꼈다. 팀 에이스 살라가 여전히 맨유전에서 공격 포인트를 기록하지 못했기 때문이다. 살라는 경기 내용으로 인상을 남기고 있었지만 유독 골 운이 따르지 않았다. 이대로 자신의 다섯 번째 맨유전까지 공격 포인트 없이 마칠 위기에 놓여있었다.

경기는 추가시간 90+3분까지 흘러갔다. 한 골 차를 어떻게든 따라잡으려 했던 맨유는 데 헤아 골키퍼를 제외한 모든 선수를 공격에 참여시켰다. 알리송은 맨유의 공격을 막아낸 뒤 즉시 롱킥을 뿌려 상대 진영으로 볼을 넘겼다. 유일하게 최전방에 남아있던 살라는 즉시 상대 진영으로 스타트를 끊었다. 롱킥이 살짝 왼쪽으로 빠졌지만 이를 능숙하게 컨트롤 한 살라는 대니얼 제임스의 몸싸움을 이겨내며 골대 근처까지 볼을 몰고 가 데 헤아 골키퍼를

뚫었다.

살라가 5경기 만에 맨유전에서 공격 포인트를 기록했다. 살라는 상의를 벗어 던지며 안 필드의 관중들과 기쁨을 나눴다. 어시스트를 기록한 알리송도 즉시 상대 진영으로 넘어가 살라 앞에서 무릎 슬라이딩을 한 뒤 격하게 포옹했다. 리버풀은 리그 13연승을 달렸고 21승 1무째를 챙겼다. 라이벌 팀을 상대로 거둔 홈 2-0 승리와 계속된 승리. 멈출 줄 모르는 에이스들의 활약까지. 언론에서는 조금씩 리버풀의 리그 무패 우승 가능성을 점치고 있었다.

쉽지 않은 무패 우승 도전기

맨유라는 큰 고비를 넘긴 리버풀은 맨시티를 상대로 2승을 거둔 울버햄튼을 겨우 잡아내고, 27라운드 웨스트햄전까지

잡아내며, 리그 18연승을 이뤄냈다.

하지만 전체 대회 기준으로는 중간에 한 번 패배가 있었다. 2월 18일에 치른 챔피언스리그 16강 1차전 아틀레티코 마드리드 원정이었다. 디에고 시메오네 감독이 이끄는 아틀레티코는 선수비 후역습 전술이 잘 갖춰져 있는 팀이었다. 흔히 토너먼트에서 상대하기 까다롭다고 부르는 유형의 팀이었다.

리그에서 연승을 달리던 리버풀은 전반 4분 만에 사울 니게스에게 선제 실점을 허용했다. 이후 수비에 집중하던 아틀레티코를 상대로 공격을 몰아붙였지만, 득점에 실패한 채 0–1 패를 당했다. 단순한 패배도 아닌 무득점 패배라는 사실이 놀랍게 느껴졌다. 리그에서 꾸준하게 보여준 막강 화력은 센터백 펠리피, 사비치와 골키퍼 얀 오블락이 버티는 아틀레티코의 벽을 뚫지 못했다. 게다가 헨더슨이 경기 중

부상을 당해 이후 한 달가량 리그 경기에 출전하지 못했다. 리버풀은 안 필드에서 열릴 2차전에서 복수를 다짐했다. 다시 리그로 돌아와보자. 리그 18연승, 27경기 무패를 달리던 리버풀의 무패 우승 도전기는 왓포드 원정에서 큰 고비를 맞게 된다.

클럽 월드컵을 참가하기 전 리그에서 치룬 왓포드와의 홈 경기는 2–0으로 승리하긴 했지만, 역시 만만찮았다. 나이젤 피어슨 감독은 피지컬을 활용한 단단한 수비와 빠른 역습을 보여주며, 리버풀을 위협했다.

왓포드 원정 경기에서도 마찬가지였다. 제라르 데울로페우를 중심으로 펼친 공격에 리버풀은 전반 내내 밀리고 있었다. 공격 전개 시에도 리버풀 선수들의 집중력은 떨어져 보였다. 전반 37분 데울로페우는 무릎이 꺾이는 부상을 당하며, 들 것에 실려나갔다. 하지만, 왓포드는 오른쪽 윙포워드 이스마일라 사르를 중심으로 공격방향을 바꿨고, 오히려 더 매섭게 리버풀을 밀어 붙였다. 사르는 최전방 공격수 트로이 디니와 좋은 호흡을 보였다. 시간이 지날수록 반다이크의 파트너인 데얀 로브렌이 디니를 상대로 고전을 면치 못했다. 결국 후반 54분에 사르에게 실점했고, 기세를 탄 왓포드에게 6분 뒤 추가 실점을 했다. 리버풀의 경기력으로는 역전은커녕 두 골을 쫓아가는 것도 어려워 보였다. 결국 왓포드는 후반 72분에 터진 디니의 골로 쐐기를 박았다. 리버풀의 후방 집중력이 무너졌다. 로브렌의 공중볼 처리 미스, 아놀드의 백패스 미스로 만들어진 기회를 왓포드 선수들이 놓치지 않았다. 리버풀은 별다른 힘을 쓰지 못한 채 왓포드 원정에서 0–3으로 무너졌다. 리그 무패는 27경기에서 끝났다. 2003–04시즌 아스날에 이은 두 번째 프리미어리그 무패 우승 도전기는 이대로 막을 내렸다.

일찍 좌절된 챔피언스리그 연패의 꿈

리그 무패가 깨진 것은 아쉬웠지만 분위기를 잘 추스려 다음 아틀레티코와의 챔피언스리그 16강 2차전 경기를 준비해야 했다. 그러기 위해서는 왓포드전 다음 경기인 리그 본머스전을 잘 마치는 것이 중요했다. 하지만 9분 만에 칼럼 윌슨에게 선제 실점을 허용했다. 혹시 모를 연패의 분위기가 감도는가 싶었지만, 이곳은 안 필드였다. 리버풀은 25분 살라, 33분 마네의 골로 2–1 역전승을 거뒀다.

아틀레티코와의 홈 경기를 앞두고 안 필드에서 자신감을 가져가기 충분한 결과였다. 리버풀은 본머스전 승리로 잉글

랜드 1부 리그 최다 홈 연승(22연승) 기록을 세웠다.

살라는 본머스전에서의 골로 리버풀 소속 프리미어리그 100경기 만에
70골을 터트렸다. 이전까지 리버풀 소속 프리미어리그 첫 100경기에서
가장 많은 골을 터트린 선수는 63골을 넣은 페르난도 토레스였다.
게다가 살라는 세 시즌 연속으로 전체 대회 20골을 돌파했다. 리버풀
선수 중에는 2000-01시즌부터 2002-03시즌까지 전체 대회 20골
이상을 넘긴 마이클 오언 이후 최초였다.

살라는 리버풀에 입단한 2017-18시즌부터 프리미어리그 전체 선수 중
가장 많은 골을 넣었다. 살라는 70골로 케인(58골), 아구에로(58골),
바디(57골)와 무려 10골 넘게 차이를 보였다. 반면 유럽 5대 리그로
넓혀보면 메시(80골), 레반도프스키(76골), 임모빌레(71골)에 이어
전체 4위였다.

본머스전 골로 다시 흐름을 회복한 살라는 주중 아틀레티코 마드리드
와의 16강 2차전에 임했다. 마누라 라인이 그대로 선발 출격했고
헨더슨도 부상을 회복해 한 달여 만에 명단에 복귀했다. 하지만 라인업엔
여전히 불안한 구석이 있었다. 주전 골키퍼 알리송이 3월 초 FA컵
첼시전을 앞두고 워밍업 중 부상을 당한 탓에 아틀레티코전까지
결장한 것이다. 알리송의 빈자리는 그동안 아드리안이 대신했다. 하지만
아드리안과 알리송의 안정감 차이는 매우 컸다. 아드리안은 지난 FA컵
첼시전에서도 실수를 범하며 실점의 빌미가 되기도 했다. 중요 경기를
앞두고 후보 골키퍼의 위험성이 리버풀의 불안 요소였다.

리버풀은 시작부터 강한 압박을 구사하며 아틀레티코의 빌드업을
방해했다. 높은 위치에서 볼을 끊고 빠르게 역습으로 이어갔지만, 번번이
얀 오블락 골키퍼의 선방에 막혔다. 다행히 전반 종료 직전 체임벌린의
크로스를 받은 베이날둠이 헤더로 선제골을 넣었다. 합산 스코어는 1-1.
지금의 경기 흐름만 이어간다면 후반엔 추가골 득점도 충분히 가능할 듯
보였다. 하지만 아틀레티코엔 얀 오블락이 있었다. 후반 내내 살라,
체임벌린, 피르미누 등이 시도한 슈팅을 오블락 골키퍼가 쳐내며 위기의
아틀레티코를 구했다. 결국 경기는 연장으로 흘러갔다.

연장 시작 3분 만에 피르미누가 골을 넣었다. 피르미누는 자신의 헤딩이
골대를 맞고 튕겨나오자 세컨볼에 재빠르게 반응하여 오블락을 뚫고
리버풀을 앞서게 했다. 추가 실점만 하지 않는다면 리버풀이 16강에
올라갈 수 있었다. 챔피언스리그는 연장에서도 원정 다득점 규정이
적용됐기 때문에 실점 없이 연장을 버텨내는 것이 중요했다.

하지만 연장 97분에 아드리안의 패스 미스가 그대로 주앙 펠릭스의 발로
연결됐고 펠릭스의 패스를 받은 마르코스 요렌테가 득점에 성공하며
아틀레티코가 2-2를 만들었다. 이대로 끝나면 원정골에 앞선
아틀레티코가 8강에 진출했다. 급해진 리버풀은 전원 공격에 나서며
어떻게든 골을 노렸지만 결국 모라타에게 추가로 실점을 허용하며
2차전 2-3, 합계 스코어 2-4로 패하고 만다. 전 시즌

디펜딩 챔피언 리버풀은 16강에서 아틀레티코에 발목을 잡혀 챔피언스리그에서 조기 탈락했다.

30년 만의 리그 우승

이후 코로나가 전 세계를 휩쓸면서 유럽 주요 리그들은 일제히 리그 중단을 선언했다. 프리미어리그도 9경기만을 남겨둔 채 3월 중순부터 리그가 중단됐다. 잠시 시즌 무효 가능성이 제기되기도 했지만, 프리미어리그는 6월 말부터 중단됐던 리그를 무관중 형태로 재개하기로 했다. 왓포드에게 1패를 당하긴 했어도 이전까지 압도적으로 승점을 벌어놓았던 리버풀은 재개 후 얼마 지나지 않아 리그 우승을 확정하는 것이 유력해 보였다.

리버풀은 재개 직후 가진 에버턴 원정 경기에서 0-0 무승부를 거뒀고 안 필드에 돌아와서 치른 31라운드 홈 팰리스전에서는 4-0의 대승을 거뒀다. 에버턴전에 휴식을 취한 살라는 팰리스전에서 1골 1도움을 기록했다.

리버풀은 팰리스전 승리로 리그에서 홈 23연승을 기록했다. 이는 잉글랜드 1부 리그 역사상 역대 홈 최다 연승 기록이다.

팰리스전 다음 날 맨시티가 첼시전에 1-2로 패하면서 리버풀의 프리미어리그 우승이 확정됐다. 1989-90시즌 이후 30년 만에 첫 잉글랜드 1부 리그 우승이자 프리미어리그 출범 이후 최초의 우승이었다. 리버풀은 통산 19번째 1부 리그 우승을 차지했다. 31라운드에서 우승을 확정한 리버풀은 잉글랜드 역대 1부 리그 시즌 중 가장 빠른 우승 확정의 기록도 세웠다.

이후 리버풀은 35라운드 홈 번리전에서 1-1 무승부를 당하며 잉글랜드 1부 리그 홈 연승 기록을 24연승에서 끝냈다. 반면 마지막 홈 경기인 첼시전에서는 5-3으로 승리했고 이 경기가 끝난 뒤 주장 조던 헨더슨이 프리미어리그 트로피를 들어 올리며 그토록 기다렸던 프리미어리그 첫 우승을 선언했다. 살라는 재개 후 출전한 리그 8경기에서 3골 4도움을 기록했다. 비록 바디(23골), 오바메양-잉스(22골), 스털링(20골)에 밀린 19골로 득점 5위에 머물렀지만, 이때의 살라는 득점보다 물오른 경기 영향력으로 더 인상을 남기며 이전 시즌과 비교해 한 단계 성장했음을 알렸다.

살라의 성장

올 라 온 경 기 영 향 력

2018-19

시즌에 살라는 상대의 밀집 수비와 집중 견제에 기복을 보였다. 2017-18시즌처럼 공간을 활용할 수 있는 역습 상황이 자주 나오지 않아 장점 발휘에 애를 먹었기 때문이다. 그래도 득점을 기록하는 데는 문제가 없어 2018-19시즌 공동 득점왕을 차지하긴 했지만, 경기 영향력에 대해선 아쉽다는 평이 쏟아졌다. 그 득점력마저도 2018-19시즌 중후반기엔 잠시 주춤한 모습을 보이기도 했다. 설상가상 리버풀이 우승권 전력으로 상승하면서 상대 팀들은 노골적으로 밀집 수비를 들고나오는 일이 많아졌다. 다행히 살라는 2019-20시즌부터 밀집 수비를 상대로 발전한 모습을 보여줬다. 이는 밀집 수비를 상대로도 꾸역꾸역 승리를 챙겨야 했던 리버풀에 큰 도움이 됐다. 살라의 평가가 가장 올라온 부분은 경기 영향력이었다. 살라가 좁은 공간에서도 좋은 경기 내용을 보이기 시작하면서 동료 활용 능력, 공격 전개 능력이 높은 평가를 받기 시작했다.

사실 2019-20시즌 내내 득점력에는 기복이 있었다. 기존 공간 침투와 드리블 패턴의 장점들이 읽히면서 슈팅에 대한 견제를 집중적으로 받았기 때문이다. 때로는 무리한 골 욕심이 화근이 되어 팀의 공격 찬스를 좋지 못한 결말로 이끌기도 했다. 보기에 따라서는 이 시기에 슈팅 임팩트가 아쉽다는 평가마저 나올 법했다. 좁은 공간에서 자주 고립되던 살라가 좋은 마무리 능력을 보여주기 위해서는 이때까지 넓은 공간이 필요했다. 하지만 좁은 공간에서 마무리 외에 다른 무기를 더 보여주기 시작하면서 좁은 공간에서도 영향력 있는 선수로 거듭나게 됐다. 살라는 조금씩 본인의 경합과 연계 능력을 바탕으로 좁은 공간을 뚫어내고 팀과 자신이 활용할 수 있는 공간을 스스로 만들어내는 모습을 보였다. 패스 능력의 향상이 결정적이었다. 살라는 왼발을 활용해 다양한 구질로 패스를 뿌려주었고 때에 따라선 힐패스와 같은 고급 기술도 활용했다. 박스 근처에서 원투를 주고받거나 넓은 시야를 바탕으로 반대쪽 동료에게 패스를 뿌려주면서 좁은 공간을 푸는 노하우를 빠르게 익혔다.

그래서 살라는 경기 내용에 더 녹아드는 모습을 보였고 이 덕에 2019 클럽 월드컵에서는 골든 볼을 수상할 수 있었다.

상대의 집중 견제가 심해질수록 살라는 기존 장점과 다른 또 다른 장점을 보여주었고 그 덕에 경기 영향력을 시즌 내내 꾸준히 보여줄 수 있었다. 살라의 연계 능력은 시간이 지날수록 측면보다 중앙에서 더 좋은 모습을 보였다. 중앙에 동료 선수들이 더 많기 때문에 연계, 키패스 등을 활용하기가 더 용이하기 때문이다. 이처럼 살라는 2019-20시즌부터 좁은 공간에서의 영향력을 점점 늘려가고 있었다. 이는 라운드마다 밀집 수비를 상대해야 했던 리버풀의 성공 가도에도 큰 영향을 미쳤다.

03

살라의 성적이
곧 리버풀의 성적이다
리버풀 2020-21

완벽에 가까웠던 초반 활약

리버풀은 2019-20시즌 프리미어리그 우승을 차지한 뒤 8월 챔피언스리그 일정 소화 없이 두 달을 쉬고 새 시즌 일정에 돌입했다. 살라의 유독 짧아진 헤어스타일이 돋보였다. 비시즌 기간 다듬었던 머리가 다 자라기도 전에 시즌이 시작됐기 때문이다. 커뮤니티 실드에서 승부차기 끝에 아스날에 패해 준우승에 머무른 리버풀은 두 시즌 연속으로 리그 개막전에 승격팀을 상대했다. 이번 상대는 라인을 올리고 강한 전방 압박을 구사하는 마르첼로 비엘사 감독의 리즈 유나이티드였다.

살라는 2017-18시즌 왓포드전, 2018-19시즌 웨스트햄전, 2019-20시즌 노리치전에 이어 4시즌 연속으로 리그 개막전에 골을 넣었다. 리버풀 선수 중에는 최초이며 프리미어리그 출범 후에는 역사상 두 번째 선수로 이름을 올렸다. 그전까지 유일하게 4시즌 연속 리그 개막전 득점을 기록했던 선수는 테디 셰링엄 (1992-93~1995-96)이었다.

살라는 개막전인 리즈와의 경기에서 해트트릭을 기록하며, 환상적으로 시즌을 출발했다. 리버풀의 역대 선수 중 리그 개막전 해트트릭은 1988-89시즌 존 올드리지 이후 처음이었다. 살라는 전반 4분 만에 페널티킥으로 시즌 첫 골을 넣었고 이후 세트피스 상황에서 나온 세컨볼을 밀어 넣으며 두 번째 골. 88분에는 또 한 번의 페널티킥골을 기록하며 해트트릭을 완성했다. 살라는 이날 귀를 막는

세레모니를 펼쳤다. 2020년에 루게릭병 진단을 받은
1988년생 이집트 대표팀 동료 공격수 모멘 자카리야의
쾌유를 기원하는 의미였다.

경기 자체도 흥미로웠다. 리즈 유나이티드가 디펜딩 챔피언
리버풀 원정에 주눅 들지 않고 시작부터 공세를 펼쳤던
덕이다. 리버풀이 한 골을 넣을 때마다 리즈가 바로
동점골을 넣는 흐름이 지속됐다. 3-3까지 이어진 경기는
후반 88분에 터진 살라의 페널티킥골로 리버풀의 4-3
승리로 끝났다. 이후 2라운드 첼시전, 3라운드
아스날전에서도 연달아 두 골 차 승리를 챙긴 리버풀은
2019-20시즌 때의 좋았던 폼을 그대로 이어가는 듯 보였다.
살라에 대한 미담이 전해지기도 했다. 2020년 9월 28일,
아스날전에서 3-1 승리를 거둔 뒤의 일이었다.

살라는 자동차에 기름을 넣기 위해 주유소에 들렀는데,
거기서 노숙인을 괴롭히던 불량배들과 마주쳤다.
살라는 불량배들에게 호통을 쳐 그들을 쫓아냈고 노숙인을
보호해줬다. 그리고 ATM에서 100파운드(16만 원)를 뽑아
노숙인에게 건네주며 돌려보냈다. 노숙인을 구해준 살라의
이 미담은 훗날 주유소에 설치된 방범용 CCTV를 통해
공개됐다.

잘 나가던 리버풀은 4라운드 빌라 원정에서 대참사를
당했다. 살라는 멀티골을 넣었지만, 팀은 무려 7실점을
허용하며 무너졌다. 골키퍼 아드리안의 패스 미스로 인한
선제 실점, 빌라의 강한 압박에 의해 발생한 연이은 잔실수,
취약했던 역습 수비 등이 대량 실점의 원인으로 지적됐다.
유일하게 위안 삼을 거리는 살라의 폼이었다. 살라는
4라운드 만에 5골을 넣었다. 직전 시즌 아쉬웠던 파괴력이
상당 부분 보완된 모습이었다.

5라운드 에버튼전에서는 후반 72분 2-1로 앞서가는 골을
넣었다. 헨더슨의 크로스가 예리 미나를 맞고 나온 걸
그대로 왼발 슈팅으로 가져가며 득점에 성공했다. 이 골은
살라의 리버풀 소속 100번째 골이었다. 2008년 스티븐
제라드 이후 리버풀 선수 중 구단 소속 100골을 넘긴 선수가
12년 만에 나왔다.

살라는 159경기 만에 100골 대에 진입했다. 이는 리버풀
구단 역사상 세 번째로 빠른 기록이었다. 가장 빠른 선수는
로저 헌트(144경기)이며, 두 번째는 잭 파킨슨(153경기)이다.
헌트와 파킨슨의 기록은 2부 리그 시절 득점도 포함되어
있다. 1부 리그만 기준으로 한다면, 살라가 최단 경기
달성자이다. 하지만 살라가 에버튼전에 세운 기록은 별다른

주목을 받지 못했다. 경기 중에 발생한 다른 사고들
때문이다.

연이은 부상, 위기의 리버풀

에버튼전은 후반 81분 칼버트르윈에게 실점하며 2-2
무승부에 만족해야 했다. 하지만 무승부 외에도 이 경기에서
리버풀이 받은 타격은 매우 컸다. 전반 11분 세트피스 공격
상황에서 헤더를 노리던 반다이크가 픽포드 골키퍼의
양발 태클에 의해 무릎이 뒤틀렸다. 전방 십자인대가 파열된
반다이크는 시즌 아웃 판정을 받았다. 후반 88분에는
스터드를 높게 올린 채 들어온 히샬리송의 태클에 티아고가
무릎을 다쳤다. 이적 후 두 번째 경기를 치르던 티아고는
이 부상으로 인해 두 달가량을 빠졌다.

반다이크의 시즌 아웃으로 인해 남은 센터백들의 역할이
중요해졌다. 조엘 마팁과 조 고메즈가 부상 없이 리그를
꾸준히 소화할 수 있을지가 관건이었다. 하지만 마팁은
바로 다음 경기인 셰필드전부터 부상으로 빠졌다.
클롭 감독은 미드필더 파비뉴를 센터백으로 내린 채
반다이크, 마팁의 빈자리를 메웠다. 리버풀은 헨더슨과
베이날둠을 더블 볼란치로 세운 4-2-3-1 전술을 꺼냈고
홈에서 2-1 승리를 거둔다.
다음 경기인 웨스트햄전에서는 파비뉴마저 부상으로 빠졌다.
클롭 감독은 조 고메즈의 파트너로 내서니엘 필립스를 깜짝
기용했다. 다행히 유스 출신 필립스가 웨스트햄의
세바스티앙 알레를 틀어막으며 좋은 수비를 펼쳤다.
리버풀은 웨스트햄전도 2-1로 승리했다. 셰필드전과
웨스트햄전에서 모두 선제 실점을 허용했는데도, 이적생

조타의 두 경기 연속 결승골 덕에 연승을 달릴 수 있었다.
살라는 페널티킥으로 웨스트햄전에 득점하며 리그 7호 골을
터트렸다.
다음 경기인 맨시티전에서도 살라는 마네가 얻어낸
페널티킥 기회를 살려내며 선제골을 넣었다. 경기는
가브리엘 제수스의 동점골로 인해 1-1 무승부로 끝났다.
맨시티전을 마치고 나니 청천벽력 같은 소식이 전해졌다.
A매치 기간 중 조 고메즈가 무릎 힘줄 부상을 당한 것이다.
리버풀의 남아 있는 센터백은 언제 다칠지 모르는 조엘
마팁과 신성 내서니엘 필립스, 수비형 미드필더 출신
파비뉴 뿐이었다.
고메즈가 부상으로 나간 뒤부터 마팁이 한동안 빈자리를
메워졌지만, 이는 오래 가지 못했다. 중간중간 허리 통증과
사타구니 통증으로 결장한 마팁은 1월 말 토트넘전을

마지막으로 발목 부상을 당하며 시즌 아웃 판정을 받았다. 이로써 리버풀의 1군 센터백 3명(반다이크, 고메즈, 마팁)이 모두 부상으로 전력에서 이탈했다. 리버풀은 중반기 동안 파비뉴와 내서니엘 필립스 조합으로 센터백 구멍을 메웠고, 후반기엔 파비뉴를 미드필더로 올린 대신 리스 윌리엄스와 내서니엘 필립스의 신성 조합으로 센터백을 구성하며 일정을 소화했다.

티아고는 12월 말 뉴캐슬전부터 부상에서 복귀해 경기를 소화했다. 하지만 무릎 부상의 여파로 중후반기까지 부진이 길어졌다. 센터백의 안정감이 사라진 리버풀은 과거와 같은 롱패스 빌드업, 라인을 올린 공격적인 운영, 강한 전방 압박을 구사할 수 없었다. 티아고도 시즌 막판을 제외하면 팀에 영향을 미치지 못했다. 순도 높은 골을 터트리던 조타는 무릎 부상으로 3개월 동안 중후반기 경기의 대부분을 출전하지 못했다. 이는 성적의 저하로 이어졌다. 3월 중순 리버풀의 리그 순위는 무려 8위까지 떨어졌다.

위기의 리버풀을 이끌던 살라의 활약

악재가 겹치는 와중에도 살라의 활약은 빛났다. 개막전인 리즈전부터 8라운드 맨시티전까지 리그 8경기에 모두 선발로 출전해 8골을 기록했다. 챔피언스리그 조별 리그에서도 초반 3경기 2골 1도움을 기록했다. 하지만 11월 A매치 기간에 코로나 무증상 양성 판정을 받아 자가격리에 들어갔다. 이에 따라 이집트의 네이션스컵 예선 경기와 9라운드 레스터전에 결장했다. 한편 살라가 11월 A매치 기간에 이집트 카이로에서 친동생 결혼식에 참가했고 당시 마스크를 쓰지 않았던 것이 SNS를 통해 확인되어 잠시 논란이 일기도 했다.

자가격리가 해제돼 11월 25일 조별리그 4차전 아탈란타전부터 복귀한 살라는 잠깐 코로나 여파를 겪었다. 경기 내내 몸놀림이 무거워 보였던 살라는 터치부터 패스까지 실수가 잦았고 결국 후반 61분에 피르미누와 교체됐다. 10라운드 브라이튼전에서도 경기력이 올라오진 않았다. 애써 넣은 골은 VAR 끝에 취소되는 불운도 있었다. 다행히 후반 60분 조타의 골을 도우며 공격 포인트를 기록하긴 했다. 살라는 후반 64분에 마네와 교체되어 경기장을 빠져나갔다.

살라는 이 두 경기에서 자신을 일찍 뺀 것에 대한 불만이 있었다. 경기장을 빠져나가는 동안 클럽 감독에게 불만을 토로하는 제스처를 보였다. 하지만 클롭은 이를 대수롭지 않게 여겼다. 클롭은 경기 후 인터뷰에서 "코로나에 시달리다 왔으니 조기 교체했다. 이런 상황에서 살라가 방실방실 웃으며 그라운드를 빠져나가면 그게 더 이상하지 않겠는가?"라며 살라의 불만을 이해한다는 반응을 보였다. 코로나 여파로 아약스전까지 세 경기 무득점에 그친 살라는 12월 6일 울버햄튼전부터 빠르게 득점력을 회복했다. 살라는 리그 울버햄튼전과 챔피언스리그 조별리그 6차전 미트윌란전, 이어서 치른 리그 풀럼전, 토트넘전, 팰리스전에서 전체 대회 5경기 연속골을 터트렸다. 미트윌란전에서는 기록을 썼다. 시작한 지 1분도 되지 않아 상대 실수를 활용해 골을 기록한 살라는 리버풀 소속 챔피언스리그 통산 22호 골을 기록했다. 이 골로 살라는 스티븐 제라드(21골)를 넘어 리버풀 소속 챔피언스리그 최다 득점자가 되었다.

14라운드 팰리스전에는 후반 57분에 교체 투입되어 35분 만에 2골 1도움을 기록했다. 최근 리그 4경기에서 5골을 터트리며 리그 13호 골을 기록한 살라는 에버튼의 도미닉 칼버트르윈과 토트넘의 손흥민을 넘어 득점 단독 1위로 올라섰다. 이 기간엔 마네도 맹활약을 펼친 덕에 리버풀은 수비진의 줄부상에 아랑곳하지 않고 좋은 결과를 만들었다. 리버풀은 빌라전 2-7 대패를 제외한 리그 13경기에서 9승 4무를 기록했다. 팰리스전 7-0 승리 후 리그 단독 선두에 올랐으며 함께 선두 경쟁을 펼치던 첼시와 토트넘, 초반 분위기가 좋지 않았던 맨시티와의 승점 차를 벌렸다. 리버풀은 3년 연속 크리스마스 기준 리그 1위를 달리고 있었다.

살라의 부진과 팀의 위기

전체 대회 5경기 연속골을 터트리던 살라가 12월 말 박싱데이 일정에 돌입하자마자 부진에 빠졌다. 살라는 12월 27일에 열린 15라운드 웨스트 브롬위치전부터 20라운드 토트넘전까지 리그 6경기 연속으로 골을 기록하지 못했다. 중간에 열린 FA컵 두 경기에서는 3골을 기록했지만, 팀은 맨유에 패해 조기 탈락했다. 중요했던 리그에서의 부진이 길어지자 리버풀의 팀 성적도 덩달아 추락했다. 살라가 15라운드에서 20라운드까지 득점하지 못하자, 리버풀은 걷잡을 수 없이 추락했다. 5경기에서 1승 3무 2패를 기록했고, 겨우 1득점밖에 올리지 못했다. 살라의 부진이 시작되자, 파트너인 마네도 페이스가 떨어졌다.

이적생 지오구 조타는 부상으로 결장 중이었다.
반다이크의 부상 이후 부담을 줄이고자 수비 라인을
점점 내렸고, 파비뉴까지 센터백으로 내려가며 중원의
압박 능력이 떨어진 것도 큰 원인이었다. 이전과 같은 공격
축구와 압박 축구를 구사하지 못하게 된 리버풀의 경기력은
점점 애매해졌다. 라인이 내려가니 풀백이 예전처럼
전진하기 힘들어졌고 공격 자원들은 측면에만 덩그러니
남은 채 고립되는 양상이 이어졌다. 이를 해결하기 위해선
겨울 이적시장에서 센터백을 영입해야 했는데, 이적시장
말미에 가서야, 오잔 카박(임대), 벤 데이스를 데려왔다.
그마저도, 파비뉴, 필립스, 윌리엄스와의 주전경쟁에서
밀리는 영입이었다. 센터백 문제가 해결되지 않으면서
리버풀의 슬럼프도 길어졌다.

다행히 살라는 20라운드 토트넘전에서 모처럼 좋은
경기력을 보이며 희망을 안겼고, 21라운드
웨스트햄전에서는 멀티골을 기록하며 리그 7경기 만에
득점에 성공했다. 살라는 네 시즌 연속 전체 대회 20골
이상을 득점했다. 역대 리버풀 선수 중 5번째로 이 기록을
달성했으며 1986-87시즌 이안 러시 이후로는 최초다.
68분에 터진 골은 프리미어리그 1월 이달의 득점으로 선정
됐다. 역습 상황에서 아놀드의 롱패스, 샤키리의 롱패스가
좌우에서 빠르게 나왔고 이를 살라가 오른발 발바닥으로
잡은 후 왼발로 투 터치 만에 툭 치며 마무리 지었다.
리버풀은 웨스트햄전을 3-1로 승리하며 토트넘전에 이어
2연승을 달렸다. 그리고 23라운드 맨시티전과 24라운드
레스터전에서도 골을 넣었다. 최근 4경기 4골. 살라의
득점력이 잠시나마 살아났다. 하지만 살라의 득점이 곧
팀의 승리로 이어지진 않았다. 리버풀은 웨스트햄전 승리 후
리그 4연패에 빠졌다. 리버풀은 홈 브라이튼전, 홈 맨시티전,
원정 레스터전, 홈 에버튼전에서 4경기 10실점을 내주며
무너졌다.

홈 경기 성적이 충격적이었다. 홈 번리전에 이어
홈 브라이튼에도 패하면서 안 필드에서 2연패를 당했다.
뒤이어 맨시티-에버튼과의 홈 경기에서도 패했다. 리버풀은
그동안 안 필드 맨시티전에서 좋은 기억이 많았다. 맨시티의
2017-18시즌 리그 무패를 저지했고 챔피언스리그 8강
1차전에서는 3-0으로 완승하기도 했다. 하지만 팀의 전력이
망가진 상황에서는 맨시티의 화력을 당해낼 방도가 없었다.
리버풀은 맨시티를 상대로 2003년 이후 17년 9개월 만에
안 필드에서 무릎을 꿇었다.

또한 홈에서 치뤄진 첼시, 풀럼전에서 모두 패하며,
홈 6연패에 빠졌다. 리그 순위는 어느덧 8위까지 내려갔다.
살라의 득점도 25라운드부터 5경기나 나오지 않았다.
클롭 감독이 빠르게 손을 써야했다.

챔피언스리그에서의 선전

프리미어리그에서는 오랜 시간 부진이 이어지고 있었지만,
챔피언스리그에서는 달랐다. 살라도 리그보다 토너먼트에서
더 강한 면모를 보였다. 이미 리그에서 부진한 와중에도
FA컵 2경기에서 3골을 넣은 바 있는 살라는 챔피언스리그
토너먼트 4경기에서도 3골을 기록했다. 리버풀은 16강에서
율리안 나겔스만 감독이 이끄는 라이프치히를 만났다.
리버풀은 손쉽게 1, 2차전 합계 4-0으로 상대를 제압했다.
살라는 1, 2차전에서 모두 득점을 기록하며 팀의 8강 진출을
이끌었다. 8강 레알 마드리드 원정에서도 팀의 유일한 골을
넣은 선수는 살라였다. 하지만 팀은 1차전 원정 1-3 패,
2차전 홈 0-0 무를 거두며 4강 진출에 실패했다. 이 시기
챔피언스리그에서의 득점 분포만 봐도 리버풀의 공격은
살라에 대한 높은 의존도를 지니고 있었다. 리버풀 출신
공격수 피터 크라우치는 한 프로그램에서 "리버풀은 살라에
대한 의존도가 높다"고 문제를 짚기도 했다.

클롭의 변화 카드, 파비뉴 수미 복귀

리그에서의 계속된 부진을 그냥 지켜보고 있을 수만은
없었다. 클롭 감독은 홈 6연패의 마지막 경기였던 풀럼전
후반부터 변화해주었다. 이날 벤치에 있던 파비뉴는 후반
76분에 제임스 밀너를 대신해 교체 투입됐다. 파비뉴는 이전
경기들처럼 센터백 자리에서 뛰지 않았다. 밀너를 대신해
투입된 파비뉴는 전문 포지션인 수비형 미드필더에
배치되어 남은 15분 동안 나비 케이타와 함께 중원에서
호흡을 맞췄다.
파비뉴가 중원으로 올라오자 리버풀의 중원 압박과 경기
운영이 살아났다. 비록 팀은 동점골 득점에 실패하며 홈
6연패를 막지 못했지만, 클롭 감독은 여기서 파비뉴의 중앙
미드필더 복귀가 후반기 반전의 카드가 될 것이라는 힌트를
얻었다. 이후에 치른 울버햄튼전부터 파비뉴는 수비형
미드필더로 선발 출전했다. 그리고 리버풀은 부상에서
돌아온 지오구 조타의 결승골로 울버햄튼 원정에서

1–0 승리를 거뒀다.

파비뉴가 선발 수비형 미드필더로 복귀한 28라운드 울버햄튼전부터 리버풀은 다시 살아나기 시작했다. 이때부터 리버풀은 리그 최종전까지 10경기에서 8승 2무의 성적을 거뒀다. 한때 8위까지 떨어졌던 순위도 점점 끌어올렸다. 우승권과는 크게 거리가 벌어졌지만, 일단 챔피언스리그 진출권에 드는 것을 목표로 잔여 일정에 총력을 기울였다. 파비뉴 효과와 티아고의 폼 회복 등으로 중원이 살아나면서 경기 운영, 볼 배급이 좋아지자 살라를 포함한 공격진들도 탄력을 받았다. 조타가 때마침 무릎 부상에서 돌아온 것도 큰 보탬이 됐다. 과거와 달리 피르미누가 좋은 폼을 유지하지 못했고 조타가 최전방에서 더 좋은 모습을 보여줬다.

살라는 30라운드 아스날전과 31라운드 빌라전에 연속골을 넣었다. 33라운드 뉴캐슬전에서는 경기 시작 3분 만에 득점에 성공했다. 이 골은 살라의 리그 20호 골이었다.

살라는 리버풀 역대 선수 중 단일 시즌 프리미어리그에서 20골을 세 번이나 넘긴 최초의 선수가 됐다. 살라는 2017–18시즌(32골), 2018–19시즌(22골), 2020–21시즌 (22골)에 20골을 넘겼다.

막판 뒷심과 알리송! 알리송!! 알리송!!!

리버풀은 챔피언스리그 진출권에 오르기 위해 후반기에 상당한 힘을 쓰고 있었다. 센터백은 출전한 경기마다 불안한 모습을 보인 임대생 오잔 카박을 대신해 리스 윌리엄스와 내서니엘 필립스가 주전 센터백 조합을 구축하고 있었다. 중원은 파비뉴를 중심으로 막판에 살아난 티아고까지 가세하며 경기를 거듭할수록 위력을 더했다. 살라도 후반기에 다시 골을 터트리면서 팀의 해결사 역할을 해냈다. 하지만 일정 운이 좋지 않았다. 리버풀은 주중에 맨유 원정을 떠난 뒤, 주말 웨스트 브롬위치 원정–주중 번리

이를 골문 앞에 있던 조타가 빠르게 오른발로 갖다 대며 득점에 성공했다.

동점골이 터진 뒤 리버풀은 빠르게 흐름을 잡았다. 전반 추가 시간인 45+3분, 아놀드의 프리킥을 피르미누가 헤더로 마무리하며 2-1 리드를 가져왔다. 피르미누는 4개월 동안 이어진 무득점을 중요한 순간에 끊어냈다. 피르미누는 후반 시작 후 2분 만에 추가골을 득점했다. 아놀드의 슈팅이 딘 헨더슨의 선방에 막히자 튕겨 나온 세컨볼을 집어넣으며 팀의 3-1 리드를 가져왔다. 하지만 68분 래쉬포드가 추격골을 터트리면서 리버풀은 3-2로 추격당했다.

74분 주장 완장을 찬 베이날둠이 커티스 존스와 교체되어 경기장을 빠져나갔다. 베이날둠의 주장 완장은 모하메드 살라가 넘겨받았다. 리버풀은 승리를 확실히 가져올 수 있는 쐐기골을 원했다. 반드시 이겨야 할 경기에서 후반 한 골 차 리드는 불안하게 느껴졌기 때문이다. 그때 캡틴 살라가 해결사가 됐다. 살라는 후반 90분 역습 상황에서 홀로 맨유 진영으로 돌파 후 기회를 마무리하며 쐐기골을 터트렸다. 리버풀은 2014년 3월 이후 처음으로 올드 트래퍼드 원정에서 승리했다. 리버풀은 4-2로 더비 매치에서 중요한 승리를 가져왔다.

주장 완장을 찬 살라는 옷을 벗고 마음껏 포효하며 슬라이딩 세레모니를 했다. 관중이 아무도 없는 올드 트래퍼드였지만 살라는 누구보다도 승리에 대한 갈증이 커 보였다. 살라는 올드 트래퍼드에서 열린 FA컵 경기에 이어 리그 후반기 맞대결에서도 골을 기록했다. 단일 시즌 올드 트래퍼드에서 열린 두 경기에서 모두 득점한 것이다. 이는 리버풀 선수 중 1920-21시즌의 해리 체임버스 이후 최초의 기록이었다. 살라는 직전 시즌부터 맨유전 징크스를 완전히 떨쳐낸 듯 보였다.

맨유전이 끝난 뒤 순위표를 보면 리버풀은 레스터, 첼시와 비교해 아직 한 경기를 덜 치른 상태였다. 다행히 레스터와 첼시가 서로 간의 맞대결을 예정하고 있어 리버풀이 잔여 경기를 전승하면 4위 안에 들 가능성이 매우 커졌다. 서로 간의 맞대결이 예정되어 있어 레스터와 첼시 중 한 팀은 잔여 경기 전승에 실패하는 것이 확정된 상황이었기 때문이다. 리버풀이 전승을 거둬 69점을 맞춰놓으면 레스터, 첼시 중 한 팀보다는 승점이 높을 수밖에 없었다(레스터-리버풀이 69점으로 동률일 시엔 골득실에서 리버풀이 우위일 가능성이 큰 상황이었다).

하지만 잔여 경기 3경기의 상대 팀이 만만치 않았다. 일단

원정-주말 크리스탈 팰리스 홈 경기를 10일 동안 소화해야 했다. 맨유 현지 팬들이 경기장을 점거해 글레이저 가문 퇴진 시위를 벌이면서 원래 잡혔던 맨유전 날짜가 이 시기로 미뤄졌다. 이에 따라 리버풀의 일정은 더 바빠지고 말았다. 이 기간에 만나는 팀들의 면모도 쉽지 않았다. 전통의 라이벌 팀 맨유, 리버풀에 늘 껄끄러운 감독인 빅 샘이 지휘하는 웨스트 브롬위치, 1월 안 필드 경기에서 승리를 따낸 번리가 리버풀의 까다로운 상대였다.

일단 맨유전부터 잘 치르는 것이 중요했다. 하지만 전반 10분 만에 브루노 페르난데스에게 선제 실점을 내주며 불안하게 출발했다. 브루노 페르난데스가 찬 슈팅은 센터백 내서니엘 필립스를 맞고 굴절돼서 들어갔다. 하지만 전반 34분 만에 리버풀은 빠르게 동점을 만들었다. 실점 장면에서 불운한 굴절로 아쉬움이 컸던 내서니엘 필립스가 조타의 골을 도우며 만회에 나섰다. 세트피스 상황에서 볼을 잡은 필립스는 골문 쪽으로 볼을 차며 방향을 크게 돌려놓았고

3   4   5

레스터	첼시	리버풀
36경기 / 66점	36경기 / 64점	35경기 / 60점

빅 샘 감독이 이끄는 웨스트 브롬위치의 허손스 원정에서
승리를 거두는 것이 필요했다. 리버풀은 전반 15분 만에 할
롭슨 카누에게 선제 실점을 내줬다. 시작부터 할 롭슨
카누의 피지컬을 이겨내지 못하던 리버풀의 어린 센터백
라인이 결국 실수를 범하고 말았다. 다행히 33분 마네의
패스를 받은 모하메드 살라가 왼발 슈팅으로 빠르게
동점골을 넣었다. 두 팀은 전반을 1-1로 마쳤다.
리버풀엔 승리가 필요했다. 레스터와 첼시가 맞대결을
앞두고 있다고 해도 승점에서 최대한 유리한 고지를 점하기
위해서는 잔여 경기에서 전승이 필요했다. 하지만 웨스트
브롬위치의 수비는 쉽게 길을 열어주지 않았다. 센터백 카일
바틀리와 세미 아자이, 골키퍼 샘 존스톤이 버티고 있는
수비 라인이 꽤 단단했다. 교체 투입된 칼란 그랜트의
속도를 활용한 빠른 역습도 리버풀의 간담을 서늘케 했다.
결국 리버풀은 주어진 추가 시간 4분을 거의 소진했다.
중계 화면에 표시된 시간은 94:16. 아놀드가 올린 코너킥은
이 경기의 마지막 공격 기회임이 틀림없었다. 어떻게든
골이 필요했던 상황이라 알리송 골키퍼도 박스에 올라와
있었다. 그리고 그 알리송은 수비의 견제를 받지 않은 채
아놀드의 킥에 맞춰 뛰어올라 정확하게 헤더 임팩트를
맞췄다. 알리송의 머리에 맞은 공은 그대로 웨스트 브롬위치
골대 구석을 정확하게 찔렀다. 골키퍼가 해결사였다.
리버풀은 극적인 2-1 승리를 챙겼다.
기적을 쓴 리버풀은 이후 있었던 번리전과 팰리스전을 3-0,
2-0으로 잡아내며 리그 3위로 시즌을 마쳤다. 기존 1군
센터백을 부상으로 모두 잃은 상태에서도 리버풀은
챔피언스리그 진출 티켓을 따냈다. 리버풀은 28라운드
울버햄튼전부터 10경기 무패(8승 2무)의 성적을 냈고
마지막 5경기에서는 전승을 거뒀다. 팬들의 기억 속에
오래도록 남을 만한 후반기 레이스였다. 멘탈리티
몬스터들의 대단한 뒷심이었다.

1골 차로 득점왕을 놓친 살라

살라는 리그 37경기에 나서 22골을 기록했다. 전체 대회를
통틀어 보면 31골이었다. 해리 케인은 23골을 넣어
프리미어리그 득점왕을 차지했다. 케인은 최종전
레스터전에서 1골을 기록했지만, 살라는 마지막 두 경기인
번리전과 팰리스전에서 침묵했다. 팀은 연승을 이어가며
챔피언스리그 진출 티켓을 획득했지만, 살라의 골이 터지지
않은 것이 유일한 아쉬움으로 남았다.
살라는 2020-21시즌 동안 득점력에 있어 기복을 보였다.

순도 높은 골들을 넣었고 특히 토너먼트에서의 활약이 인상적이었지만, 12월 말~1월, 2월 말~3월 사이에 리그에서 있었던 무득점 슬럼프가 아쉬웠다. 게다가 살라가 잡아낸 많은 기회 중에서는 결정력이 부족해 놓친 장면들도 제법 있었다.

하지만 살라는 동료 공격수인 피르미누, 마네와 비교해 더 긴 시간 동안 좋은 활약을 보여줬다. 중반기를 부상으로 날린 조타와 다르게 11월 코로나를 제외하면 부상이 아예 없었다. 이번에도 철강왕의 모습을 보여준 살라는 시즌

대부분의 경기를 풀타임으로 소화했다. 이 경기들에서 2019–20시즌과 마찬가지로 꾸준한 경기 영향력을 보여줬다.

살라는 2021 FIFA 올해의 선수 투표에서 3위를 차지했다. 2018년에 이어 2번째였다. PFA 올해의 팀에도 2017–18 시즌에 이어 두 번째로 선정됐다. 팀이 위기에 빠졌을 때도 살라가 활약하면 팀은 좋은 결과를 냈고, 반대로 살라가 부진하면 팀도 부진에 빠졌다. 여전히 살라가 리버풀의 핵심 선수라는 사실을 느끼게 한 시즌이었다.

04

누가
파라오의 심기를
거스르는가?

리버풀 2021-22

클럽 감독은 2021-22시즌을 준비하며 전술을 바꿔주었다. 이는 2020년 여름 티아고 알칸타라의
영입으로 기대했던 중원의 패스 배급과 찬스 메이킹에 제대로 힘을 실어주었다. 그리고 살라의
폭발력을 극대화하는 효과도 낳았다. 중앙 미드필더처럼 안쪽으로 좁게 서서 빌드업에 적극적으로
관여한 아놀드의 패스 능력도 효과적으로 발휘됐다. 이 모든 일들이 클럽의 원 포인트 전술 변화에서
나왔다. 이것들을 가능하게 한 클럽의 새 시즌 전술 변화는 도대체 무엇일까?

클럽 감독이 기존에 썼던 전술부터 살필 필요가 있다. 클럽이 2019-20시즌, 2020-21시즌에 주로
썼던 4-3-3 전술은 풀백과 윙포워드의 장점을 극대화하기 위한 측면 위주의 전술이었다. 리버풀은
후방 빌드업 시에 좌우 풀백을 높은 지점으로 과감하게 전진시켰다. 빌드업은 주로 센터백과 수비형
미드필더의 긴 패스를 중심으로 풀어갔다.

측면으로 오버래핑을 한 풀백은 윙포워드와 함께 측면에서 볼을 간수하고 연계 호흡을 맞추며 볼을
높은 지점으로 전진시켰다. 측면 높은 지점으로 이동하는 핵심 선수는 풀백이었다. 풀백 주위에 있는
윙포워드, 중앙 미드필더는 풀백의 옆에서 볼을 간수하거나 패스를 연결해 풀백이 측면 높은
지점까지 올라올 수 있도록 조력해준다.

풀백이 측면 높은 지점까지 올라오는 데 성공하면 윙포워드는 중앙으로 들어와 박스 안으로 침투한
다. 풀백이 크로스를 올리면 박스 안에 있는 윙포워드와 공격수가 이를 받아내 슈팅으로 마무리
짓기 위해서다. 풀백과 윙포워드가 공격 진형으로 올라가 있는 동안 3명의 중앙 미드필더는 주로
후방에서 대기한다. 오른쪽에서는 살라와 아놀드가 측면을 활용할 때 조던 헨더슨이 뒤쪽에 서서
볼 배급과 오른쪽 수비 커버를 담당한다. 왼쪽에서는 로버트슨과 마네가 공격에 나서고 죠르지뇨
베이날둠(혹은 제임스 밀너, 티아고 등)이 후방에서 배급, 수비 커버를 맡는다.

리버풀은 4-3-3 포메이션을 기준으로 풀백과 윙포워드를 공격 깊숙한 지점까지 올리고, 이들이
올라간 뒷 공간을 중앙 미드필더가 커버하는 방식으로 공격의 기초 대형을 완성했다. 상대가 밀집
수비로 대응하면 조던 헨더슨을 시작으로 중앙 미드필더들이 한두 명씩 공격에 가담하며 숫자를
늘리는 방식을 썼다. 최전방 공격수 피르미누도 이 전술의 핵심이었다. 볼 간수 능력과 연계.
넓은 움직임을 장점으로 가진 피르미누는 좌우로 넓게 움직이며 윙포워드가 박스 안으로 들어올 수

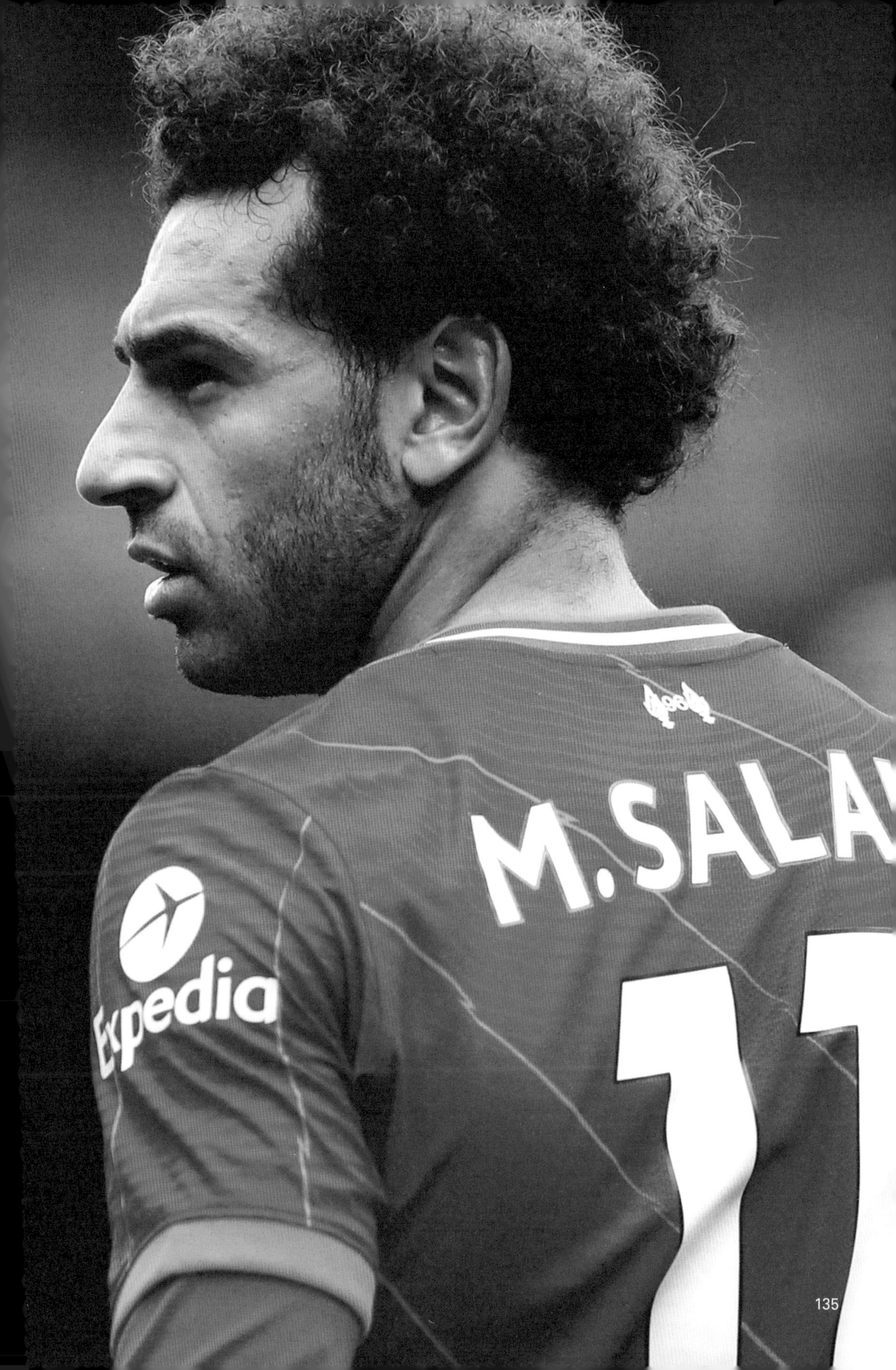
M.SALA
Expedia

2021-2022 LIVERPOOL

있도록 공간을 만들어주고 윙포워드에 키패스를 찔러주면서 기회를 창출하는 데 주력한다. 때에 따라서 측면 넓은 공간까지 가담해 풀백과 연계하여 측면 수적 우위를 돕기도 한다. 피르미누의 움직임은 공격에 창의성을 더해주는 효과가 있었다.

하지만 피르미누의 폼이 2019–20시즌 후반기부터 서서히 떨어지기 시작했고, 새로 영입한 티아고를 풀백과 윙포워드의 뒤를 받치는 조연으로만 쓸 수 없었기 때문에 클롭 감독은 새로운 전술을 구상했다. 클롭은 티아고를 중심으로 중원에서 경기를 더 풀어가기를 원했다. 기존에 측면에 힘을 주었던 공격 전술의 무게를 중앙으로 옮기고자 했다. 새 전술에서 중앙 미드필더는 더 이상 측면 자원의 전진을 돕는 조력자로만 기능하지 않았다. 이들은 직접 볼을 갖고 패스를 뿌리며 팀의 공격을 이끄는 플레이메이커 역할을 소화했다.

2021–22시즌부터 리버풀은 공격할 때 2–3–5 형태의 공격 대형을 갖췄다. 풀백이 깊숙이 올라가서 센터백과 수비형 미드필더만으로 빌드업을 전개한 4–3–3 전술과 비교해 후방에 더 많은 숫자가 갖춰졌다. 2–3–5 전술의 최후방 2는 센터백 두 명이 위치한다. 센터백 위쪽의 3에는(베스트 일레븐 기준으로) 왼쪽 중앙 미드필더 티아고와 수비형 미드필더 파비뉴, 오른쪽 풀백 아놀드가 나란히 중앙에 모여든다. 센터백 2명과 그 위쪽에 배치된 3명의 선수는 마치 알파벳 W와 같은 형태로 후방에 자리 잡는다.

클롭 감독은 W 형태의 선수단 배치로 상대 압박을 확실히

풀어 나올 수 있는 체계를 완성했다. 후방에 숫자가 많아졌기 때문에 상대 팀의 전방 압박 숫자보다 많은 인원이 리버풀 후방에 조성됐다. 만약 상대가 아놀드 쪽을 압박하면 반대편에 티아고가 자유롭게 빌드업에 참여할 수 있었고, 반대로 티아고 쪽을 압박하면 반대편에 아놀드가 빌드업을 주도할 수 있었다. W 형태로 후방에 많은 숫자를 확보하는 움직임은 그래서 중요했다. 중원의 볼 소유가 쉬워지면서 리버풀 공격 전개의 무게 또한 중앙으로 옮겨졌다.

전방 5명 자리에는 누가 설까? 오른쪽 풀백 아놀드가 후방 빌드업을 위해 중앙에 들어와 있는 동안 왼쪽 풀백 로버트슨은 왼쪽 넓은 공간을 쭉 전진한다. 로버트슨은 왼쪽 폭을 벌리는 역할을 맡는다. 로버트슨이 왼쪽을 넓게 서 있는 동안 마네는 중앙으로 들어와 왼쪽 하프 스페이스 및 박스 침투에 집중한다.

오른쪽 넓은 공간에는 모하메드 살라가 배치된다. 원래 살라는 아놀드가 오버래핑할 때마다 중앙으로 들어와 박스 안에 자리를 잡았다. 하지만 살라가 중앙으로 들어올수록 상대 중앙 수비수와 자주 만났기 때문에 집중 견제에 시달리는 일도 많아졌다. 밀집 수비를 상대할수록 살라가 중앙에서 상대해야 했던 수비수의 숫자도 많아졌다. 살라의 득점력이 점점 기복이 생겼던 이유도 이 때문이다. 그래서 클롭 감독은 살라를 오른쪽 터치 라인을 따라 넓게 배치해 공간을 활용할 수 있도록 조정했다. 수비수가 많은 중앙과 비교해 측면 넓은 공간에는 비교적 상대 선수의 숫자가 적기 때문이다. 대신 살라가 폭을 벌리는 동안

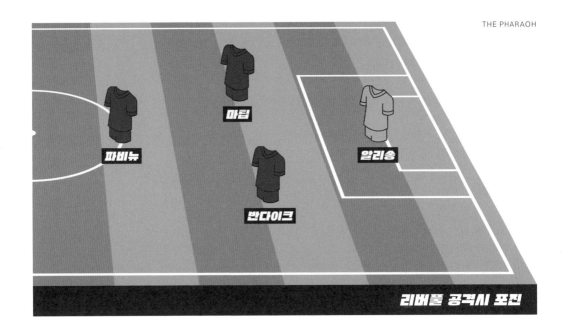

리버풀 공격시 포진

오른쪽 하프 스페이스 및 박스 침투는 조던 헨더슨에게 맡겨졌다. 티아고와 파비뉴가 후방 빌드업에 집중하는 동안 헨더슨은 공격 가담에 집중하며 살라와 연계에 나선 것이다. 최전방 공격수 조타는 박스 안 공략과 득점을 위해 가운데 톱에 배치됐다.

클롭 감독은 오른쪽 공격에 힘을 실었다. 아놀드가 후방에서 볼을 뿌리면 살라는 터치 라인을 따라 넓게 서서 볼을 잡는다. 측면 넓은 지역은 공간이 확보되어 있기 때문에 살라는 이곳에서 연계로 풀거나 드리블을 통해 직접 중앙으로 볼을 몰고 갈 수 있는 다양한 선택지가 조성된다. 공격 가담에 집중하는 조던 헨더슨은 하프 스페이스를 공략해 살라를 막으려 하는 상대 수비수를 끌어당기는 역할을 맡는다. 아놀드와 살라, 헨더슨의 호흡은 2-3-5 전술 내에서 극대화됐다. 이전까지 집중 견제에 시달렸던 살라는 달라진 전술 덕분에 집중 견제에서 벗어나 모처럼 공간을 활용할 수 있게 됐다. 더 편한 환경에서 공격에 참여하게 된 살라는 시즌 초반부터 엄청난 활약을 펼쳤다. 그의 2021-22시즌의 활약을 지금부터 따라가 보자.

신계에 도전하는 살라

리버풀은 3년 연속으로 프리미어리그 개막전에서 승격 팀을 상대했다. 한 시즌 만에 강등 후 재승격으로 다시 프리미어리그 무대에 도전장을 내민 노리치 시티가 상대였다. 살라는 노리치 원정에서 1골 2도움을 기록하며

팀의 3골에 모두 관여했다. 원터치 패스로 조타의 시즌 첫 골을 도왔고 후반에는 정확한 크로스로 피르미누의 골을 도왔다.

그리고 73분 코너킥 상황에서 세컨볼을 왼발 감아차기로 마무리해 리그 첫 골을 기록했다. 이날 세트피스 공격 때마다 살라는 박스 안으로 들어가지 않고 먼 쪽에 대기해 노골적으로 세컨볼을 노리고 있었다. 이미 세트피스 후 세컨볼 상황에서 득점 찬스를 잡고 있던 살라는 끝내 골을 기록하며 성과를 냈다. 살라는 다섯 시즌 연속으로 리그 개막전에 득점을 기록했다. 이는 프리미어리그 역사상 최초의 일이다.

2라운드 번리전에서는 하비 엘리엇의 패스를 받아 득점했지만, 오프사이드 판정으로 인해 VAR 끝에 취소됐다. 팀은 2-0으로 승리했지만, 살라는 무득점에 그쳤다. 하지만 이 경기가 살라의 시즌 초 유일한 무득점 경기가 될 거라고는 누구도 예상하지 못했다.

3라운드 첼시전부터 살라는 득점을 올리기 시작했다. 3라운드까지 살라는 오른쪽 윙포워드로 나왔을 때 터치 라인을 따라 넓게 서 있는 모습을 보여줬다. 보통 수비가 박스 안을 향해 중앙으로 좁혀져 서 있는 다는 것을 생각해봤을 때, 살라는 상대 수비의 견제를 피해 공간을 확보할 수 있었다. 살라는 이 공간에서 볼 터치와 드리블, 시야 확보의 여유를 얻었다. 득점을 노릴때는 측면에서 속도가 붙은 채로 중앙에 들어와 중앙 수비수보다 빠르게 골문을 향했다. 전술적인 변화에서 살라는 득점과 도움,

137

기회 창출까지 모두 해내는 모습을 보였다.

5라운드 팰리스전에서는 득점을 터트린 후 작은 해프닝이 있었다. 코너킥 상황에서 살라는 반다이크가 떨궈준 세컨볼을 살려 득점을 기록했다. 이 골로 리버풀은 후반 78분에 2-0으로 앞서갔다. 그런데 골을 넣은 살라가 갑자기 옷을 벗으며 포효했다. 우승 경쟁 팀을 상대로 한 경기도 아니었고, 경기 분위기가 그렇게 급박하지도 않았는데 살라의 세레모니는 유독 격했다.

알고 보니 살라는 이 골로 자신이 역대 아프리칸 프리미어리거 최다 골 기록을 세웠다고 착각하고 있었다. 하지만 실제로는 아무 상황도 아니었다. 이후 살라는 9라운드 맨유 원정에서 해트트릭을 달성하며 아프리칸 프리미어리거 최다 득점자가 되었다. 이때는 상의 탈의를 하지 않았는데 같은 이유로 카드를 두 장이나 받으면 클롭 감독에게 혼날 것이 염려되어 탈의를 자제했다고 한다. 어쨌든 팰리스전에서 전체 대회 4경기 연속골을 기록하며 좋은 모습을 보였다.

6라운드 브렌트포드전, 챔피언스리그 조별리그 2차전 포르투 원정(멀티골), 7라운드 맨시티전에서도 골을 기록하며 7경기 연속골을 기록했다. 맨시티전에서는 1골 1도움으로 대단한 활약을 남겼다. 후반 59분, 상대 왼쪽 풀백 주앙 칸셀루를 드리블로 제친 뒤 마네에게 키패스를 보내 도움을 기록했다. 87분에는 상대 수비 5명을 제치고 오른발로 골을 터트렸다.

살라는 오른쪽 넓은 지역에서 박스 안으로 들어오며 맨시티의 수비를 차례로 제쳤다. 넓은 지역에서부터 속도가 붙은 상태로 맨시티 수비 사이를 통과했고 마지막에는 큰 폭의 방향 전환으로 박스 안에서 라포르테를 속이며 슈팅 각도를 만들었다. 마무리는 왼발이 아닌 오른발로 시도하며 에데르송 골키퍼를 속였다. 2017-18시즌 토트넘전에서 넣은 홈 경기 득점과 비슷했다. 이 골은 살라의 통산 득점 중에서도 손에 꼽힐 만큼 멋있는 골이었다.

8라운드 왓포드전에서도 맨시티전과 비슷한 원더골을 넣었다. 드리블 과정에서 보여준 발바닥 컨트롤과

잔발 스텝이 인상적이었다.

조별리그 3차전 아틀레티코 마드리드 원정에서는 전반 8분 만에 오른쪽에서 상대 수비 3명을 제치고 직접 중앙으로 들어와 왼발로 슈팅을 시도했다. 빠른 타이밍에 시도된 슈팅은 상대 미드필더 콘도그비아를 맞고 굴절되는 행운까지 따르며 골문 안으로 들어갔다. 후반에는 페널티킥까지 성공하며 멀티골을 넣었고 팀은 3-2로 승리했다.

2019-20시즌 챔피언스리그 16강에서 아틀레티코에 패해 탈락했던 리버풀은 복수에 성공했다. 살라는 구단 최초로 전체 대회 9경기 연속골을 기록했다. 9경기에서 11골을 넣었고 이 중에는 살라의 개인 역량으로 만들어진 골이 많았다. 리버풀 역사상 유럽 클럽 대항전 최다 득점자로도 등극했다. 종전 기록은 스티븐 제라드가 가지고 있던 30골이었다.

이 시기 살라의 활약은 군더더기가 없었다. 하지만 팀의 경기 결과는 아쉬웠다. 챔피언스리그에서는 선전했지만,

리그는 무승부가 너무 많았다. 첼시전에서는 수적 우위를 살리지 못하고 무승부를 거뒀고 브렌트포드전과 맨시티전에서는 상대 역습에 공수 밸런스가 무너지며 무승부에 만족했다. 특히 우승 경쟁팀인 첼시, 맨시티와의 홈 경기에서 경기 흐름을 지배하고도 비기는 데에 그쳤다. 이는 후반기 리그 우승 경쟁에 크게 작용했다.

기념비적인 맨유전 대승과 해트트릭

9라운드는 맨유와의 노스웨스트 더비였다. 전체 대회 9경기 연속골을 기록 중이던 살라는 최상의 폼으로 맨유전에 임했다. 리그에서는 8라운드 왓포드전까지 2라운드 번리전 1경기를 제외한 모든 경기에서 골을 넣었다. 챔피언스리그에서는 밀란, 포르투, 아틀레티코를 상대로 3차전까지 전 경기에서 득점했다. 그는 3경기 5골을 기록했다.

맨유전 징크스도 깬 지 오래였다. 지난 시즌까지 살라의 맨유전 스탯은 8경기 4골, 팀은 3승 3무 2패의 성적을 거뒀다. 앞서 언급했듯, 2019-20시즌 맞대결에서 맨유전 5경기 만에 첫 골을 기록했다. 이후에는 2020-21시즌 FA컵 4라운드(32강) 경기에서 멀티골을 넣었고 리그 두 번째 맞대결에도 팀 승리에 쐐기를 박는 골을 터트렸다. 두 경기 모두 맨유의 홈인 올드 트래포드에서 열렸다.

살라는 맨유 징크스를 완벽히 떨쳐낸 상태였다. 상대 팀 맨유의 분위기는 그리 좋지 않았다. 이적 시장에서 라파엘 바란, 제이든 산초, 크리스티아누 호날두를 데려오며 핵심 자원들을 보강했지만 그런데도 팀 전술과 조직력에 문제가 있었다. 5라운드까지는 4승 1무로 좋은 성적을 냈지만, 6라운드 빌라전 0-1 패, 7라운드 에버튼전 1-1 무, 8라운드 레스터전 2-4 패를 당하며 위기에 빠졌다. 맨유도 침체한 분위기를 전환하기 위해 라이벌전 승리가 필요했다.

살라는 맨유 원정 경기에 선발 출전했다. 그리고 전반 5분 만에 나비 케이타의 골을 도우며 공격 포인트를 기록했다. 38분에는 케이타의 낮은 크로스를 오른발로 마무리하며 골을 터트렸다. 45+5분에는 조타의 패스를 받아 가까운 쪽 포스트로 슈팅을 시도하며 멀티골을 기록했다. 전반에만 4-0. 맨유 솔샤르 감독의 표정은 굳어졌고 관중석에 있던 전 맨유 감독 알렉스 퍼거슨의 표정도 마찬가지였다. 반면 리버풀의 레전드 케니 달글리시의 표정은 카메라에 잡힐 때마다 밝은 모습이었다. 살라는 전반에만 2골 1도움을

기록했다.

후반 50분에는 헨더슨의 아웃프런트 패스를 받아
마무리하며 해트트릭을 달성했다. 리그 10호 골. 말 그대로
프리미어리그를 지배하고 있었다. 10분 뒤에는 맨유의
미드필더 폴 포그바가 나비 케이타에게 깊은 태클을 한
사유로 퇴장당했다. 수적 우위를 점한 리버풀은 더 몰아칠
수 있었지만, 적당히 페이스를 조절하며 5-0으로 경기를
마쳤다. 살라는 프리미어리그 최초로 올드 트래포드에서
해트트릭을 기록한 선수가 됐다. 전체 대회 기준으로는
2002-03 챔피언스리그에서 레알 마드리드의 호나우두가
해트트릭을 기록한 이후 18년 만에 사례다.

그리고 디디에 드로그바를 넘어 아프리칸 프리미어리거
통산 최다 득점자가 됐다. 리버풀 역대 선수 중 최초로 전체
대회 10경기 연속골과 원정 5경기 연속골을 달성했고,
올드 트래포드에서는 3경기 연속골을 기록했다. 리버풀은
1936년 11월 21일 이후 85년 만에 맨유전 5득점을
기록했다. 당시 경기는 5-2였지만, 이번에는 무실점으로
승리했기에 기쁨이 더했다. 5골 차는 1895년 10월 12일
7-1 승리 이후 126년 만에 나온 최다 점수 차 승리였다.
살라의 득점 행진은 다음 경기에서 멈췄지만, 10월 한 달
동안 살라는 리그 4경기에서 5골과 4도움을 기록하는
대단한 활약을 펼쳤다. 그래서 살라는 PFA 팬 선정 이달의
선수상, 프리미어리그 사무국 선정 이달의 선수상,
프리미어리그 사무국 선정 이달의 골, 구단 선정 이달의
선수상을 모두 받아내며 10월을 자신의 달로 만들었다.

잠깐의 실수도 용납하지 않은 선두 경쟁

리버풀은 리그 9라운드까지 6승 3무의 성적을 냈다.
패배가 없으니 좋은 성적으로 보이지만, 무승부가 많아
1위로는 올라서지 못했다. 디펜딩 챔피언 맨시티는 물오른
베르나르두 실바와 로드리의 활약으로 매 경기 중원을
지배하는 모습을 보여줬다. 풀백이지만 중앙까지 파고들며
볼 배급, 크로스, 슈팅 등의 활약을 펼친 주앙 칸셀루의
존재감도 상당했다. 최전방 공격수의 부재는 아쉽지만
남다른 후방, 중원 자원의 퀄리티로 맨시티는 꾸준히
승리를 챙겼다.

투헬 감독 부임 후 지난 시즌 UEFA 챔피언스리그에서
우승을 차지한 첼시도 리그 초반 페이스가 매우 좋았다.
첼시는 티아구 실바와 안토니오 뤼디거를 앞세운 백스리의

단단한 수비력과 투헬 감독의 유연한 전술 변화를 바탕으로
승리를 챙겼다. 얼마 가진 못했지만, 시즌 초반엔 루카쿠
영입 효과도 봤다. 첼시도 안정된 전력을 자랑하면서 선두
경쟁에 참여했다. 시즌 초반부터 맨시티, 리버풀, 첼시의 3강
체제가 굳건했다. 3팀 모두 다른 팀들과 상당한 전력 차를
보였기에 빈틈없이 승점을 적립했다. 이들의 선두 경쟁은
조금의 실수도 용납하지 않았다.

그런데 리버풀은 무승부가 너무 많았다. 홈 첼시전과
홈 맨시티전에서 비기면서 경쟁에서 치고 올라갈 기회를
놓치고 말았다. 승격팀 브렌트포드 원정에서도 3-3으로
비겼고 10라운드 브라이튼전에서는 2-0의 리드를 지키지

못한 채 2-2로 따라잡혔다. 홈 경기였기에 아쉬움은 더했다. 리버풀의 리그 순위는 2위에 머물러 있었다.

11라운드는 웨스트햄 원정이었다. 웨스트햄은 데이비드 모예스 감독의 지도 아래 선 굵은 축구의 장점을 효율적으로 활용하며 승리를 챙기던 팀이었다. 프리미어리그 3강을 위협할 수 있는 가장 유력한 후보였다. 제로드 보웬, 사이드 벤라마 등의 2선 자원들도 폼이 좋았다. 디클란 라이스와 토마시 소우체크의 활동량은 중원 싸움에 큰 도움을 줬다. 장신 선수도 많아 세트피스 공격에서의 한 방도 위력적이었다.

웨스트햄은 본인들의 무기를 살려서 전반 4분 만에 골을 터트렸다. 피지컬이 좋은 공격수 안토니오가 코너킥이 올라오는 시점에 알리송 골키퍼를 밀며 방해했다. 결국 알리송은 조기에 튀어나와 코너킥을 처리하려 했으나 안토니오의 방해로 인해 볼을 앞으로 처리하지 못했고 자책골을 기록했다. 크레이그 포슨 주심은 상황을 보고 문제없다며 골을 선언했다. 해당 판정은 경기 종료 후 논란이 되었다.

살라는 아놀드가 프리킥을 차려 할 때 옆에서 공을 굴려주는 역할을 수행했고 곧이어 아놀드가 중거리 슛을 성공시키며 도움 하나를 추가했다. 하지만 팀은 67분, 74분에 역습과 코너킥에서 연달아 실점을 허용했다. 결국 2-3으로

무너지며 리그 첫 패배를 당했다. 웨스트햄은 4연승을
달리며 리버풀과 순위를 역전한 채 3위로 올라갔다.
반면 많은 무승부에 1패까지 추가된 리버풀은 선두 경쟁
3강 구도에서 밀려났다.

다행히 12라운드 아스날전부터 17라운드 뉴캐슬전까지
5연승을 챙기며 리버풀은 빠르게 흐름을 회복했다.
아스날전, 사우스햄튼전, 에버튼전에서는 연달아 경기당
4골 이상을 터트리며 막강 화력을 보였다. 살라는 패스와
크로스로 이 골 중 대부분에 관여했다. 이 3경기에서의
스탯은 3골 1도움. 게다가 도움으로 기록되지 않은 기점
패스와 같은 골 관여 활약들도 매우 많았다.

살라는 17라운드 뉴캐슬전까지 리그 15경기 연속 공격
포인트를 기록했다. 이는 2015-16시즌에 레스터 시티의
제이미 바디가 세운 기록과 타이였다. 원정 경기에서는 유독
강했다. 에버튼전 멀티골을 통해 프리미어리그 최초로 원정
7경기 연속 공격 포인트를 기록했다. 살라는 이 7경기에서
9골 5도움을 기록했다.

챔피언스리그에서는 기대 이상으로 선전했다. 아틀레티코
마드리드, 포르투, AC 밀란과 한 조가 될 때만 해도 죽음의
조에서 한 팀이 순조롭게 1위를 차지할 거라 예상한 이는
많지 않았다. 리버풀이 다른 팀보다 짜임새가 더 좋아
보이긴 했지만, 그 차이가 압도적일 거라 보진 않은 것이다.
하지만 리버풀은 6전 전승을 기록했다. 잉글랜드 구단
최초로 조별리그 6경기 전승 기록을 세웠다. 살라는
조별리그 6경기에 모두 선발로 나와 7골을 기록했다.
최종전 밀란전에서의 골로 전체 대회 20골을 넘겼다.
다섯 시즌 연속 전체 대회 20골 이상을 넘긴 살라는 1987년
이안 러시 이후 오랜만에 리버풀 소속 선수 중 이 기록을
달성했다. 하지만 기쁨도 잠시. 결국 예상치 못한 위기가
리버풀의 중반기에 닥치고 말았다.

시즌 첫 번째 위기

위기는 갑작스레 찾아 왔다. 18라운드 토트넘전을 앞두고
구단 내에 코로나 이슈가 터진 것이다. 이미 17라운드
뉴캐슬전에 반다이크와 파비뉴, 커티스 존스가 코로나로
인해 결장했다. 그 후 헨더슨과 티아고마저 코로나로 인해
결장하게 된 것이다. 주전 미드필더인 티아고, 헨더슨,
파비뉴의 결장은 치명적이었다.
토트넘의 콘테 감독은 왼쪽 윙백과 왼쪽 스토퍼에게 협력

수비를 지시해 살라를 집중 견제했다. 결국 살라는 중앙
미드필더의 지원도 받지 못하고, 고립될 수밖에 없었다.
결국 토트넘과의 경기에서 살라는 공격포인트를 기록하지
못했고, 팀도 2-2 무승부를 거뒀다. 결국 살라는 리그
16경기만에 공격 포인트 기록에 실패했다.
뒤이어 열린 리그 20라운드 레스터전에서도 침묵이
이어졌다. 전반 16분 살라는 자신이 얻어낸 페널티킥의

아쉬웠다. 이어진 레스터전에서는 패배했고, 첼시전에서는 무승부를 기록했다.

토트넘전부터 레스터전, 첼시전까지. 리버풀이 중반기 부진에 빠지는 동안 역습에 의한 실점이 꾸준히 나왔다. 이는 시즌 첫 번째 위기로 이어졌다. 전반기에 공격적으로 좋은 성과를 냈던 전술의 약점이 드러나기 시작한 것이다. 클롭 감독은 공격력 강화에 초점을 두고 새 시즌 전술을 준비했다. 실제로 중앙 미드필더들의 플레이 메이킹 비중이 커졌고 이를 통해 리버풀의 경기력은 더 다이내믹해졌다. 오른쪽 중앙 미드필더 헨더슨의 전진으로 살라가 자유로워지며 오른쪽 터치 라인을 넓게 서 있는 모하메드 살라의 경기력과 파괴력이 극대화됐다.

하지만 공격력의 극대화를 위해 수비의 일부를 희생해야 했다. 리버풀의 오른쪽 라인은 살라와 헨더슨, 아놀드가 모두 활발히 전진했다. 문제는 헨더슨이 살라를 돕기 위해 오른쪽 윙포워드에 가까운 위치까지 올라가면서 벌어지는 중앙 미드필더 간의 간격이었다. 후방에서 빌드업에 참여하는 티아고, 파비뉴와 오른쪽 공격에 참여하는 헨더슨의 간격이 자주 벌어졌다. 리버풀의 상대 팀들은 이 공간 사이를 기점으로 리버풀 진영에서 역습을 펼쳤다.

게다가 왼쪽 풀백 로버트슨의 전진으로 발생하는 뒷 공간. 중앙 미드필더처럼 안쪽으로 좁혀 들어오는 아놀드가 비워놓게 되는 오른쪽 측면 뒷 공간도 상대 팀의 집중 공략 대상이 됐다. 수비 라인도 매 경기 높게 올라가니 역습에 대한 리스크가 커질 수밖에 없었다. 헨더슨과 티아고, 파비뉴의 중원 간격, 올라간 풀백의 뒷 공간, 올라간 수비 라인은 점점 전술의 약점으로 지적됐다. 리버풀은 역습이 강한 팀들을 만나면서 승점을 잃었다. 이는 조금의 실수도 용납하지 않는 선두 경쟁 흐름에 큰 타격을 줬다. 리버풀과 맨시티의 승점 차는 11점까지 벌어져 있었다.

이 시기 리버풀은 선제골을 넣고도 따라잡힌 경기가 많았다. 리그에서는 브렌트포드전, 맨시티전, 브라이튼전, 토트넘전, 첼시전이 이에 해당했다. 챔피언스리그에서는 전승을 거뒀지만, 분위기가 넘어갔을 때 잠시라도 따라잡힌 경기들이 있었다. 바로 밀란전과 아틀레티코 마드리드전이었다. 후반기에는 이러한 팀 문제점을 보완할 필요성이 있었다.

다행히 클롭 감독은 왼쪽 중앙 미드필더 티아고와 오른쪽 중앙 미드필더 헨더슨이 번갈아 전진하도록 해 좌우 공격의 균형을 맞추는 방식으로 후반기 전술에 변화를 줬다.

키커로 나섰지만 캐스퍼 슈마이켈의 선방에 막혀 실축했다. 곧이어 튕겨 나온 세컨볼을 헤더로 연결했지만, 골대를 맞고 나가는 불운도 이어졌다. 이후에도 기회를 살려야 할 때 살리지 못하면서 무득점에 그쳤다. 살라 개인에게 찾아온 2021-22시즌 첫 번째 위기였다.

살라가 부진에 빠지자, 리버풀 역시 흔들렸다. 코로나 이후 복귀한 헨더슨의 폼은 좋지 못했고, 마네의 결정력도

상대하는 팀이 어느 방향으로 역습을 펼치는지에 따라
리버풀도 미드필더가 전진하는 방향을 다르게 가져간
것이다. 이는 상대 역습에 대한 대응책이 됨과 동시에
겨울에 영입한 왼쪽 윙포워드 루이스 디아스의 장점을
활용하는 데에도 큰 도움을 줬다.

이외에도 왼쪽 공격에 참여한 티아고, 로버트슨의 좋은 폼,
전반기보다 더 올라온 버질 반다이크의 활약 등도 리버풀의
후반기 변화에 도움을 줬다. 그래서 리버풀은 중반기 때
기복이 있었던 흐름을 떨쳐내고 비교적 꾸준하게 후반기
승점 적립에 나설 수 있었다.

살라와 마네의 공백

첼시전을 마치고 살라는 팀 동료 사디오 마네와 함께
아프리카 네이션스컵 대회에 참가했다. 원래 2021년 1월에
개최 예정이었던 네이션스컵은 코로나로 인해 1년이
연기됐다. 살라가 포함된 이집트 대표팀은 네이션스컵
최다 우승국으로 이번 대회에서도 우승 후보로 꼽혔다. 만약
살라와 마네가 네이션스컵 일정을 결승까지 소화한다면
2022년 1월 9일부터 2월 6일까지 소속 팀 리버풀 일정에는
나설 수 없었다.

이 기간에 리버풀은 리그 2경기와 FA컵 3라운드(64강)~
4라운드(32강) 2경기, 카라바오컵 준결승 1, 2차전 2경기를
치러야 했다. 이때 살라처럼 왼발을 잘 쓰는 2004년생
오른쪽 윙포워드 케이드 고든이 활약하며, 클롭에게
눈도장을 받는다. 클롭은 고든에 대해 "특출난 재능을 가진
선수다. 1군 팀에서 경기할 능력이 있다. 건강만 하다면
늘 내 계획에 있을 것"이라며 칭찬을 아끼지 않았다. 고든은
살라가 네이션스컵에 차출된 기간동안 컵 대회 위주로
1군 경기에서 기회를 받았다.

리버풀은 카라바오컵 준결승에서 아스날을 만났다. 1차전인
홈에서는 무승부를 거두고, 2차전 아스날 원정에서 2-0
승리를 거두며, 리버풀은 맨시티에 승부차기 끝에 패해
준우승에 머무른 2015-16시즌 이후 처음으로 카라바오컵
결승에 올랐다. 2011-12시즌 케니 달글리시 감독 때 이룬
캐피탈 원 컵 우승 이후 10년 만에 리그컵 우승에 도전했다.
주축 공격 자원인 살라와 마네 없이 이룬 결과라
더 대단했다. 이후 치른 리그 경기에서도 좋은 성적이
이어졌다. 팰리스 원정에서는 무난하게 3-1 승리를 따냈다.
2주간의 A매치 휴식기 후 치른 카디프와의 FA컵 4라운드

(32강) 경기에서도 3-1 승리를 거뒀다. 살라와 마네 없이도
리버풀은 리그 2연승, 카라바오컵 결승 진출, FA컵 5라운드
(16강) 진출의 성과를 냈다.

끝없는 연장 승부

한편, 살라의 이집트와 마네의 세네갈은 네이션스컵 결승에
진출했다. 각 선수가 속한 국가가 조기에 탈락하면 빠르게
각 팀으로 복귀할 수 있었지만, 공교롭게도 리버풀의 두
주축이 속한 국가 간 결승 맞대결이 성사되며 살라와 마네는
대회의 모든 일정을 소화했다. 결국 살라와 마네는 2월 6일
까지 소속팀 일정을 소화하지 못했다. 또한 둘 중 하나는
준우승의 상실감을 안고 후반기 일정에 나서야 했다.

살라는 네이션스컵 전 경기를 사실상 풀타임으로 소화하고
있었다. 조별리그 3차전 전 경기를 선발 풀타임으로
소화했고 16강부터 4강까지 이어진 토너먼트 3경기
연속으로 120분 연장 혈투를 치렀다. 물론 8강 모로코전은
연장 후반 추가 시간에 교체 아웃됐지만, 사실상 120분
풀타임을 소화한 것과 다를 게 없었다. 3경기 연속 연장
혈투를 치르고 온 살라였기 때문에 결승을 앞두고 체력이
걱정스러웠다. 결승 상대인 세네갈의 마네도 전 경기에
선발 출전했지만, 16강 카보베르데전은 70분만 소화했고
연장 승부는 없었다.

살라가 유독 연장전을 많이 뛰게 된 이유는 이집트의
빈곤한 득점력 때문이다. 이집트는 조별리그 1차전
나이지리아전을 0-1로 패했고, 2차전 기니비사우전에서도
전력 우위를 활용하지 못한 채 1-0으로 간신히 승리를
거뒀다. 살라는 이날 69분에 결승골을 터뜨렸다. 세 번째
경기인 수단전에서도 1-0으로 승리했다. 이긴 경기에서도
일찍이 승리를 확정하지 못했기 때문에 살라는 조기에 교체
아웃되지 않고 조별리그 전 경기를 풀타임으로 소화했다.
그래도 조별리그 2승 1패로 토너먼트 진출엔 성공했다.
하지만 3경기 2골의 빈곤한 팀 득점력은 매우 우려스러웠다.

걱정은 현실이 됐다. 결국 토너먼트에서 필요할 때 골이
터지지 않아 매 경기 정규 시간에 승리를 보지 못하고
연장전에 임했다. 16강 코트디부아르전에서는 연장까지
0-0 무승부에 머물고 승부차기에서 5-4로 승리했다. 8강
모로코전은 살라의 1골 1도움 활약으로 연장 혈투 끝에 2-1
역전승을 거뒀다. 준결승에서는 개최국 카메룬을 만나
연장까지 0-0 무승부를 기록했고 승부차기에서 상대 선수

두 명의 실축 덕분에 3-1로 승리했다.

과정은 힘겨웠지만, 결승 진출의 성과 자체는 값졌다. 살라의 이집트는 대회 7회 우승으로 네이션스컵 최다 우승국이다. 하지만 2006, 2008, 2010 대회 3회 연속 우승 이후로 우승과는 인연이 없었다. 2012, 2013, 2015 대회는 연속으로 예선에서 탈락해 본선에 오르지도 못했다. 모처럼 본선에 진출한 2017 대회에서는 결승까지 올랐지만, 카메룬에 패해 준우승에 그쳤다. 이때 살라는 대회 6경기에 모두 선발로 나와 2골 2도움의 좋은 활약을 보였지만 코앞에서 우승 기회를 놓치고 말았다.

이후 러시아 월드컵 본선에 오르며 다시 아프리카의 강호로 떠오른 이집트는 홈에서 개최하는 2019년 대회에서 반드시 우승하겠다는 각오였다. 살라는 대회 직전에 가진 친선전 기니전에서 교체 투입된 후 인생 첫 대표팀 주장 완장을 착용했다. 이 경기에서 2도움을 기록하며 팀의 3-1 승리를 이끈 살라는 개최국 이집트의 네이션스컵 우승을 이끌기 위한 준비를 마친 듯 보였다. 하지만 16강에서 남아공에 0-1 충격패를 당하며 살라의 네이션스컵 우승 도전은 또 한 번 좌절되고 만다.

그래도 2021 대회에서 다시 결승에 올랐기 때문에 이번에야말로 우승한다는 기대가 모였다. 상대 팀은 최다 우승국인 이집트와 달리 아예 우승 경험이 없는 세네갈이었다. 세네갈은 이전 2019 대회에서 알제리에 패해 준우승에 그쳤다. 경기 시작 7분 만에 세네갈은 먼저 앞서갈 기회를 잡았다. 이집트 수비의 실책으로 페널티킥을 얻었다.

키커로 나선 건 마네였다. 소속 팀에서 마네의 페널티킥 습관을 지켜봤던 살라는 즉시 모하메드 아부 가발 골키퍼에게 페널티킥 방향을 알려줬다.

아부 가발 골키퍼는 그대로 마네의 페널티킥을 막아냈다. 이집트는 초반 위기를 잘 모면했다. 마네가 찰 방향 예측에 도움을 준 살라의 공헌이 컸다. 하지만 정작 살라의 경기력은 위력적이지 않았다. 연이은 연장 혈투 탓에 이미 준결승 카메룬전부터 지친 기색이 역력해 보였다.

결승에서는 나폴리전에서 자주 만난 센터백 쿨리발리와의 맞대결이 성사됐고 살라는 1대 1에서 고전하며 경기 내내 고립됐다. 경기는 정규 시간 내 0-0 무승부로 끝났다. 살라는 4경기 연속으로 연장전에 나섰다. 반면 세네갈은 대회 첫 연장 경기에 임했다. 경기는 연장에서도 0-0 무승부의 결과가 나오며 승부차기로 이어졌다.

살라는 승부를 결정지을 수 있는 다섯 번째 키커로 대기 중이었다. 하지만 그에 앞서 두 번째 키커 모하메드 압둘모님과 네 번째 키커 모하메드 라신의 실축으로 승부차기에서 2-4로 패했다. 다섯 번째 키커로 준비 중이던 살라에게는 차례가 오지도 않았다. 세네갈의 다섯 번째 키커로 나선 마네가 승부차기를 성공시키며 세네갈의 우승을 확정지었기 때문이다.

경기가 끝나자 마네는 살라를 위로해줬다. 우승한 마네와 준우승에 머문 살라 모두 소속 팀으로 복귀하면 소화해야 할 일정이 많았다. 리버풀은 리그, FA컵, 카라바오컵, 챔피언스리그에서 중요 경기들을 앞두고 있었다. 하지만

살라는 네이션스컵 토너먼트에서 4경기 연속으로 연장전을 소화한 탓에 매우 지쳐 보였다. 리버풀 팬들도 준결승부터 이어진 살라의 부진을 걱정했다. 게다가 준우승으로 인해 받았을 심리적인 타격도 커 보였다. 과연 소속 팀 복귀 후 살라가 다시 전반기 때의 폼을 보여줄 수 있을지 의문스러웠다.

2월, 준우승의 아픔을 날려버리다

소속 팀 복귀 후 살라의 첫 일정은 2월 10일 리그 레스터전이었다. 리버풀은 겨울 이적시장을 통해 포르투에서 새롭게 영입한 루이스 디아스와 최전방 공격수 지오구 조타의 활약에 힘입어 좋은 경기력을 보였다. 하지만 정작 점수는 조타의 선제골 이후 1–0에 머물렀다. 리버풀은 승리를 확정하기 위한 쐐기골을 원했고 후반 60분에 살라를 교체 투입했다. 살라는 이날 공격 포인트를 기록하지 못했다. 하지만 먼 쪽을 향한 기습적인 감아차기로 골대를 맞추는 등 짧은 시간 동안 강렬한 인상을 남겼다. 몸놀림도 가벼워 동료와의 연계도 잘 풀어냈다.

챔피언스리그 16강 1차전 인테르전에서 소속팀 복귀 후 첫 골을 기록했다. 살라는 챔피언스리그 원정 8경기 연속골을 넣었다. 이는 크리스티아누 호날두에 이어 두 번째로 달성된 기록이다. 하지만 골 장면 외에 살라의 몸은 전체적으로 무거워 보였다. 인테르전 직전에 펼친 리그 번리전에도 살라의 경기 내용은 좋지 못했다. 두 경기 연속으로

네이션스컵의 여파가 크게 느껴졌다.

다행히 인테르전 이후 치른 리그 2경기에서 살라는 공격 포인트를 기록하며 조금씩 살아나는 기미를 보였다. 특히 26라운드 노리치전에서는 알리송이 올린 롱패스를 왼발로 받아낸 뒤 침착한 컨트롤로 상대 수비, 키퍼를 모두 제쳐내며 역전골을 넣었다. 19라운드 순연 경기 리즈전에서는 두 번의 페널티킥을 성공시키며 2골 1도움을 기록했다. 점점 몸놀림이 가벼워진 살라는 경기 영향력과 마무리 능력을 회복했다.

스탯은 확실하게 쌓았다. 노리치전에서 살라는 리버풀 소속 150번째 골을 넣었다. 리버풀 소속으로는 10번째로 달성한 기록이었다. 살라는 233경기 만에 150골을 넣었다. 이는 226경기 만에 150골을 달성한 로저 헌트 이후 구단 역사상 두 번째로 빠른 기록이었다. 리즈전에서는 단일 시즌 프리미어리그 10골 10도움을 대회에서 가장 먼저 달성했다.

카라바오컵 우승과 그에 따른 대가

클럽 감독 부임 후 리버풀의 아쉬운 점 중 하나는 자국 컵대회에서의 저조한 성적이었다. 부임 첫 시즌인 2015–16 시즌 리그컵 결승에서 맨시티에 승부차기 끝에 패하며 준우승에 머물렀던 것이 최고 성적이었다. FA컵은 리그컵보다도 부진했다. 2019–20시즌 5라운드(16강)에 진출해 첼시에 패한 것이 최고 성적이었다.

리그, 챔피언스리그보다 유독 아쉬운 성적이 이어지자 클럽

감독이 자국 컵 대회를 소홀히 하는 것 같다는 언론의
비판까지 나왔다.

하지만 2021-22시즌의 리버풀은 달랐다. 카라바오컵 32강
노리치전, 16강 프레스턴 노스 엔드전은 수월하게 이겼다.
전반기 내내 분위기가 좋지 않던 노리치 원정에서는 3-0
으로 승리했고, 16강 프레스턴 원정에서도 2-0으로 이겼다.
미나미노는 이 두 경기에서 3골을 기록하며 팀 승리에
기여했다. 8강 상대는 프리미어리그의 레스터 시티였다.
이 경기에서는 90+5분에 터진 미나미노의 극적인 동점골과
승부차기에서 나온 퀴빈 켈러허 골키퍼의 선방에 힘입어
리버풀이 승리를 거뒀다. 4강에서는 아스날을 만나 1, 2차전
합계 2-0으로 승리했다. 리버풀은 6년 만에 리그컵 결승
무대에 올랐다.

결승 상대는 첼시였다. 이미 리그에서 가진 두 번의
맞대결은 모두 무승부로 끝났다. 리버풀은 첼시의 중원에
유독 고전했다. 1차전 때도 리스 제임스의 퇴장이 있기
전까지 중원을 내주며 위기를 노출했고 2차전 때도 초반

2득점 이후 중원에서 주도권을 잃은 것이 빌미가 되어
연달아 2실점을 내주며 2-2 무승부를 거뒀다.

시즌 세 번째 맞대결에서 클럽과 투헬 감독의 팀은 신중하게
경기를 풀었다. 하지만 리버풀의 공격 전개가 아무래도
답답하게 느껴졌는데 이유는 두 가지였다. 하나는 워밍업
중이었던 티아고의 갑작스러운 부상이다. 리버풀은 급히
티아고 대신 나비 케이타를 선발 라인업에 포함했고 이에
따라 중앙에서의 볼 전개가 매우 답답해졌다. 두 번째는
살라의 부진이었다. 개인 역량으로도 충분히 골을 넣을 수
있는 살라지만 이날은 뤼디거와 알론소의 협력 수비에 막혀
고전했다. 살라가 폭을 벌려도 윙백 알론소가 따라왔고
안쪽으로 좁히면 스토퍼 뤼디거가 괴롭혔다. 뤼디거의
1대 1 대인 수비 능력은 최상이었다.

몇 차례의 위기도 있었지만, 다행히 오프사이드 트랩이
발동돼 첼시의 득점이 취소되기도 했고 메이슨 마운트도
여러 차례의 기회를 날리면서 첼시가 리드를 가져가지
못했다. 경기는 120분의 연장 혈투 끝에 0-0 무승부로

끝났고 무려 11번째 키커까지 가는 긴 승부차기 끝에
리버풀이 11-10으로 승리했다. 2011-12시즌 이후 10년
만에 차지한 리그컵 우승이었다. 리버풀 구단 역사상 9번째
우승이었다. 8번의 우승을 차지한 맨시티를 따돌리고 다시
대회 최다 우승팀 자리에 단독으로 올라섰다.
리버풀은 클롭 감독 부임 후 웸블리 스타디움 승부차기에서
3번 모두 패한 징크스가 있었다. 하지만 4번째 승부차기만의
첫 승리를 거뒀다. 살라도 120분 연장 혈투를 마치고
승부차기에서 다섯 번째 키커로 나서 성공시켰다. 하지만
승부차기를 위해 120분 풀타임을 소화할 수밖에 없었다.
네이션스컵에서 4경기 연속으로 연장 풀타임을 소화한 것에
이어서 또 한 번의 연장 혈투였다. 네이션스컵을 마치고
한 달 반 정도가 지난 시점이었다. 결국 이때의 연장 혈투로
인해 살라는 많은 것을 잃고 말았다. 첼시전을 마친 뒤부터
살라의 극심한 폼 저하가 찾아왔다.

좌절된 월드컵의 꿈

이집트는 2018 러시아 월드컵에 이어 2회 연속 월드컵 본선
진출을 노렸다. 2차 예선부터 참가한 이집트는 F조에서
가봉, 리비아, 앙골라와 한 조가 되어 4승 2무로 1위 자리에
올라 3차 예선 진출을 확정했다. 3차 예선은 조 추첨에서
뽑힌 국가와 1, 2차전 녹아웃을 진행하는 방식이며,
여기서 승리해야 월드컵 본선에 진출할 수 있었다. 그런데
추첨 결과 상대팀은 세네갈로 결정됐다. 이미 두 달 전
네이션스컵 결승에서 만난 바 있는 두 국가가 이번에는
월드컵 예선에서 다시 만났다. 사디오 마네와 모하메드
살라간의 맞대결이 재성사됐다.
이집트엔 복수의 기회가 찾아왔다. 홈에서 열린 1차전에서는
전반 4분 만에 선제골을 넣었다. 살라가 과감하게 슈팅을
때린 것이 세네갈 수비수 살리우 시스를 맞고 굴절돼서
골문으로 들어갔다. 이는 시스의 자책골로 기록됐다.
이집트는 추가골 득점에는 실패한 채 1-0으로 1차전을
마쳤다. 살라는 결승골에 관여하는 활약을 남겼다.

하지만 세네갈 원정에서 열린 2차전은 양상이 달랐다.
이번에는 세네갈이 경기 4분 만에 불라예 디아의 선제골로
리드를 잡았다. 합계 스코어는 1-1. 결국 정규 시간 내
승부를 가리지 못한 두 팀은 연장 30분 승부에서도 추가
득점에 실패해 다시 한번 승부차기에 돌입했다. 살라는 1월
네이션스컵 토너먼트 4경기 연속 연장 풀타임에 이어 2월
카라바오컵 결승 첼시전, 3월 월드컵 예선 세네갈전에서
추가로 연장 풀타임을 소화했다. 무려 3개월 동안 120분
경기만 6경기를 뛰었다. 게다가 코로나 여파로 연기된
주중 순연 경기들을 주마다 소화한 상태였다.

그래도 승부차기에서 좋은 결과를 내는 것이 필요했다.
4년에 한 번 찾아오는 월드컵 본선 진출 기회인데다,
살라가 전성기 나이에서 치를 수 있는 사실상 마지막 월드컵
기회이기 때문이다. 게다가 상대는 네이션스컵에서 이집트를
꺾고 우승을 차지한 세네갈이었다. 살라는 절실한 마음으로
승부차기의 첫 번째 키커로 나섰다.

때마침 선축이었던 세네갈의 첫 번째 키커 칼리두
쿨리발리는 골대를 맞추며 실축했다. 살라가 성공시킨다면
이집트가 앞선 채로 승부차기의 문을 여는 상황이었다.
하지만 살라의 슈팅은 크로스바 위로 떠버렸다. 유독 2021-
22시즌의 살라는 페널티킥 실축 빈도가 늘었다. 소속
팀에서도 살라의 페널티킥 실축이 두 차례(밀란전, 레스터전)
나 나왔고 대표팀에서는 가장 중요한 월드컵 예선에서
승부차기 실축이 나왔다. 월드컵 본선 진출이 걸린
승부차기에 대한 부담감과 극심한 체력 저하 등이 작용한
듯 보였다.

게다가 세네갈 홈 팬들의 방해도 살라의 실축에 영향을
줬다. 승부차기 직전까지 세네갈의 홈 팬들은 살라를 향해서
엄청난 양의 레이저를 쐈다. 살라가 킥을 차려고 준비할
때부터 레이저는 살라의 눈 주위에는 겨냥하고 있었다.
살라의 집중력, 시야 확보 등에 영향을 주었을 것이
당연했다.

양 팀은 두 번째 키커까지 단 한 명도 성공하지 못했다.
그리고 세 번째 키커인 세네갈의 이스마일라 사르,
이집트의 아므르 알 술라야는 나란히 성공했다. 승부는
네 번째 키커의 차례에서 갈렸다. 세네갈의 밤바 디엥은
먼저 나와 성공했다. 이집트의 모스타파 모하메드는 중앙을
노렸지만, 세네갈 골키퍼 에두아르 멘디의 발에 막혀
실축했다. 세네갈의 마지막 키커는 사디오 마네였다. 마네는
경기장 중앙으로 강하게 슈팅을 처리하며 침착하게

성공시켰고 세네갈을 월드컵 본선으로 이끌었다.

살라는 4년 전 러시아 월드컵에서 대회 직전에 당한 어깨
부상으로 인해 제 실력을 보여주지 못했다. 그 여파로
이집트는 조별리그에서 3전 전패를 당하며 조기 탈락을
확정하고 말았다. 절정의 기량을 보여주던 지금, 살라는
어떻게든 월드컵 무대를 밟고 싶었을 것이다. 하지만
세네갈전의 결과 때문에 4년 뒤를 기약해야 했다. 만약
네이션스컵과 카라바오컵 결승전으로 인한 체력적인 부담이
없었다면, 조금 더 가벼운 몸놀림으로 이집트의 공격을
평소처럼 이끌었다면, 승부차기에서 실축하지 않았더라면
하는 미련이 남을 수밖에 없는 결과였다.

살라는 3개월 동안 6번의 연장 풀타임 경기를 소화했다.
그리고 네이션스컵 준우승과 월드컵 본선 진출 실패를
연달아 겪었다. 육체적으로나 심리적으로나 상당한 타격이
있을 법했다.

후반기 부진과 그 이유

살라는 전반기만큼의 활약을 이어가지 못했다. 일단 카라바오컵 결승전 이후 치른 3월 초 웨스트햄전부터 몸이 무거워 보였다. 29라운드 브라이튼전에서 1골을 기록했지만, 페널티킥이었고 이후 치른 리그 3경기에서 무득점에 그쳤다. 챔피언스리그 16강 2차전 인테르전에서는 골대를 두 번 맞추는 불운 끝에 무득점으로 경기를 마쳤다. 팀은 홈에서 치른 2차전에서 0-1로 패했지만, 1차전에서 거둔 2-0 승리 덕분에 8강 진출을 확정했다. 챔피언스리그 8강 벤피카전 1, 2차전에서도 팀이 6골을 넣는 동안 살라는 골이 없었다. FA컵 준결승 맨시티전에서도 팀이 3-2로 이길 때 득점을 기록하지 못했다. 어느덧 살라는 전체 대회 6경기 무득점에 빠졌다. 골이 터지지 않는다는 심리적인 부담을 안고 4월 19일 리그 30라운드 맨유전에 임해야 했다.

그런데 맨유전에서는 오히려 좋은 모습을 보여줬다. 2골 1도움으로 팀의 4-0 대승에 기여했다. 살라는 전반 22분 마네가 띄워준 패스를 오른발로 받은 뒤 빠르게 왼발 슈팅으로 마무리하며 7경기 만에 득점에 성공했다. 후반 85분에는 역습 상황에서 조타의 패스를 칩슛으로 마무리해 추가골까지 터트렸다.

이 골은 살라의 리그 22호 골이었다. 살라는 맨유전 4경기 연속 공격 포인트를 기록했고 맨유전 통산 9번째 득점을 기록했다. 스티븐 제라드와 함께 리버풀 소속 맨유전 최다 득점자에 올라섰다. 동시에 득점 2위 손흥민과의 골 차이를 5골 차로 다시 벌리며 여유 있게 득점 선두 자리를 지켰다. 놀라운 점은 12도움으로 리그 도움 순위에서도 공동 1위를 달리고 있던 것이었다. 살라는 6경기 무득점이 이어지는 동안에도 도움은 쏠쏠하게 기록하고 있었다. 특히 4월이 되면서 동료 활용 능력이 올라오기 시작했다. 자기가 수비를

잡아끌며 만들어낸 공간으로 침투하는 동료를 활용하는
능력이 뛰어났다. 맨유전 이후에 치른 에버튼전에서도
크로스로 로버트슨의 선제골을 도와주며, 리그 13도움을
기록했다. 살라는 득점과 도움 모두 단독 선두로 올라섰다.
하지만 슈팅 찬스에서의 조급함은 맨유전 이후에 다시
이어졌다. 살라는 리그 4경기(34라운드 에버튼전, 35라운드
뉴캐슬전, 36라운드 토트넘전, 33라운드 순연 경기 빌라전)
와 챔피언스리그 4강 1, 2차전(비야레알전)에서 또 6경기
연속으로 무득점에 그쳤다. 이 6경기 동안에도 도움은 3개나
기록하며 동료 활용 능력을 보였지만 득점력만 살아나지
않았다.
골을 못 넣는 이유에 대해서는 다양한 추측들이 쏟아졌다.
첫 번째는 역시 체력이었다. 3개월 사이에 120분 연장
혈투를 6경기나 치른 부담이 없는 게 이상할 지경이었다.
그래도 살라가 출전하면 상대 수비 한두 명은 어떻게든
살라 쪽으로 따라 나오니 거기서 발생하는 공간을 동료들이
활용하는 방식으로 경기에 기여는 됐었다. 살라도 동료를
바라보고 패스와 크로스를 찔러주는 감각이 좋아져
후반기에도 도움은 확실히 기록하고 있었다.
백스리에 약해서 그런 거 같다는 해석도 가능했다.
카라바오컵 결승 첼시전, 리그 36라운드 토트넘전에서
살라는 유독 약한 모습을 보였다. 이 두 팀의 공통 점은 모두
백스리를 쓴다는 것이다. 스토퍼와 윙백의 협력 수비는
살라를 2-1로 고립시키는 데 매우 효과적인 방법이었다.
두 명의 집중 견제를 받게 되는 살라는 드리블을 활용하기도
녹록지 않고 골문을 바라보는 상황 자체를 만들기가 쉽지
않을 수밖에 없었다.
자신을 향한 수비의 집중 견제를 분산시켜주는 조던
헨더슨의 폼 저하도 부진의 이유로 볼만했다. 전반기에 좋은
활약을 보여준 헨더슨은 후반기가 되자마자 부진에 빠졌다.
이전 시즌들과 다르게 코로나 제외 부상으로 빠지는 일이
없었던 건 긍정적이지만, 그로 인해 오른쪽 중앙 미드필더
역할과 파비뉴의 백업 역할을 동시에 수행하다 보니 체력
저하가 빠르게 온 듯 보였다. 게다가 90년생으로 어느덧
유럽 나이 32세에 가까워진 헨더슨의 기량 저하를 의심하는
것도 이상해 보이지는 않았다. 결국 헨더슨이 수비를
끌어주지 못하니 살라의 부담이 오른쪽에서 심해졌고,
정작 살라에 대한 집중 견제는 더 심해지면서 부진이
찾아온 것이 아니냐는 해석이다.
팀 전술의 변화도 살라의 부진에 영향을 준 듯 보인다.

전반기 리버풀은 살라, 헨더슨, 아놀드를 바탕으로 오른쪽
공격에 집중하며 재미를 봤다. 헨더슨과 아놀드, 상황에
따라서는 최전방 공격수 조타까지 오른쪽 측면 공격에
가세했다. 살라에게 집중되는 수비를 분산시켜주는 인원이
워낙 많다 보니 살라가 공간에서 누릴 수 있는 이점도
많아졌다. 하지만 이 전술은 헨더슨의 전진으로 중원 간격이
벌어지면서 중반기부터 역습에 대한 약점을 노출했고, 이에
클롭 감독은 오른쪽 공격 빈도를 줄이는 대신 좌우 밸런스를
맞추는 방향으로 전술에 변화를 주었다. 전반기만큼 전술이
자신에게 집중되는 혜택을 보지 못하면서 자연스럽게
부진이 찾아온 게 아니냐는 해석도 나왔다.
득점에 대한 부담이 커진 것도 이유가 되었을 것이다.
전반기 때와 다르게 골이 쉽게 나오지 않고 본인도 후반기
부진을 의식할 수밖에 없으니 경기를 거듭할수록 조급함과
부담감이 생기는 것이 당연했다. 골대를 맞추거나 상대
골키퍼의 선방에 막히는 등 불운한 상황이 유독 많이
찾아오기도 했다. 인테르전의 골대 두 번을 맞춘 것이
대표적인 예이다.

반면 경기 외적인 부분에서도 이유를 찾을 수 있었다. 우선 첫 번째는 심리적인 문제였다. 2022년 들어서 살라의 이집트에는 부정적인 일들만 찾아왔다. 일단 네이션스컵 결승까지 간 끝에 세네갈에 승부차기 끝에 패해 준우승에 그쳤다. 그리고 두 달도 지나지 않아 같은 상대에게 또 한 번 승부차기에서 패하며 월드컵 본선 진출에 실패했다. 심리적으로 타격을 줄 만한 큰 사건이 연달아 두 번이나 있었다. 게다가 상대인 세네갈에는 자신의 팀 동료이자 아프리카 최고의 선수 자리를 두고 라이벌 관계에 있는 사디오 마네가 있었다. 살라 입장에선 스트레스가 컸을 것이다.

또 다른 경기 외적인 이유는 재계약 문제였다. 후반기 들어 살라는 리버풀과 재계약이 어려워진 상황에 봉착했고, 이에 따라 시즌 내내 이적 루머에 시달려야 했다. 자신의 거취와 관련된 불안정한 상황, 언론의 주목, 팬들의 반응 등 때문에 집중력과 동기부여가 해이해진 것이 아니냐는 해석들이 있었다.

리버풀과 살라의 재계약 문제

살라는 리버풀과 2023년까지 계약을 맺은 상태였다. 2021년 겨울 기준으로 살라의 계약은 1년 반이 남아있었다. 1년 뒤인 2022년 겨울부터는 보스만 룰에 따라 살라가 이적료 없이 자신이 이적할 팀과 개인 협상에 임할 수 있었기 때문에 구단으로서도 빠르게 재계약을 마치는 것이 필요했다. 그래서 2021−22시즌 중 살라와 재계약 협상 자리를 마련했다.

하지만 2021년 12월 중순부터 살라가 리버풀과 재계약을 하지 않을 거 같다는 보도가 쏟아졌다. 살라는 잔류를 원하지만, 구단이 살라의 요구 조건인 주급을 맞춰주지 않을 거라는 이유 때문이었다. 이때부터 살라가 레알 마드리드를 비롯해 프리미어리그 경쟁팀들로도 이적할 수 있다는 보도들이 나오면서 리버풀에서의 거취 문제가 현실이 되어버렸다.

당시 리버풀 팬들 사이에서 살라에 대한 여론은 좋지 않았다. 첫 번째 이유는 살라의 에이전트인 라미 아바스 때문이었다. 라미 아바스는 자신의 트위터를 통해 위르겐

클럽의 인터뷰를 조롱하는 글을 올렸다. 클롭 감독은
인터뷰에서 살라의 재계약에 대한 질문을 받자 "구단은
최선을 다하고 있다. 살라의 결정 만이 남아있다"라고
대답했다.

아바스는 이 기사를 공유하며 비웃는 이모티콘을 입력한 뒤
트위터에 글을 게시했다. 이전부터 아바스는 살라가 활약할
때마다 재계약을 늦추는 구단을 압박하듯 '그 사람들이
지켜봤으면 좋겠다'라는 글을 올려 팬들로부터 이미지가
좋지 않았다. 그는 이번 일로 더 많은 비판을 받게 됐고 이는
자연스럽게 살라를 향한 비판으로도 이어졌다.

게다가 처음 재계약 난항 보도가 쏟아질 당시에 살라가
원하는 주급 조건은 약 40만 파운드(6억 2천만 원)로
알려졌다. 물론 그동안 월드 클래스의 기량을 보여준 살라가
이 정도의 금액을 원하는 것이 이상한 건 아니다. 언론이
추정하기로 맨유의 호날두는 50만 파운드 가까이, 맨시티의
더브라위너도 40만 파운드의 주급을 받는다는 얘기들이
많았다. 살라도 자신의 활약과 인지도에 걸맞은 대우를
바라는 건 당연한 일이다.

하지만 리버풀은 다른 상위권 팀들과 비슷한 주급 체계를
가진 팀이 아니었다. 리버풀은 다른 구단보다 주급의
기본금을 적게 주는 편이다. 실제로 선수단의 평균 기본금이
꽤 낮다. 월드 클래스 센터백 반다이크의 주급 기본금도
22만 파운드(3억 4,544만 원)에 그친다. 대신 옵션을 많이
주는 것으로 알려졌다. 반다이크는 기본금 22만에, 활약에
따라 충분히 달성할 수 있는 옵션들이 많아 실제로 수령할
것으로 추정되는 주급은 다른 구단 선수들과 비교해도 큰
차이가 없었다. 그래서 살라가 기본금 40만 파운드를
원한다는 소식이 알려졌을 때 팬들이 반응이 좋지는 않았다.
하지만 한 달가량의 시간이 지난 뒤 새로운 보도가 나오자
여론이 크게 바뀌었다. 알고 보니 구단이 살라 측에 내민 첫
조건이 기존 주급의 15%만 올린 23만 파운드(3억 6천만 원)
였던 게 뒤늦게 밝혀졌기 때문이다. 기존 주급에서 3만
파운드 정도만 올려준 것이 전부였다. 구단이 대단한 활약을
보인 선수에게 그에 합당한 보상을 해주지 않자 팬들은
불만을 쏟아냈다. 살라가 첫 번째 금액에 대해 실망을
느낀 것 또한 당연했다. 재계약을 체결하지 않은 살라가
이해된다는 반응이 쏟아졌고 보드진이 조금 더 돈을
투자해야 한다는 여론이 지배적이었다.

살라의 부진이 이어지는 동안, 질질 끌린 구단과의 재계약
문제도 이유 중에 하나로 지적됐다. 구단이 제시한 조건에

대한 실망, 이 때문에 떨어질 수 있는 동기부여, 팬들의
부정적인 반응까지 이 상황이 살라의 득점력에 영향을
주었을 가능성도 충분히 있다. 이외에도 체력과 심리적인
요인, 상대 수비의 능숙한 대응 등이 복합적으로 작용하면서
후반기 살라는 전반기와 전혀 다른 사람이 되었다.

대회 4개 우승, 쿼드러플을 향하여

리버풀은 FA컵 준결승에서 맨시티를 꺾고 결승에 진출했다.
이번에도 결승 상대는 첼시였다. 이미 카라바오컵 결승을
포함해 세 차례 맞대결을 가진 바 있는 두 팀은
세 경기에서 모두 비겼다. 이번에는 FA컵 타이틀을 놓고
시즌 네 번째 맞대결을 가졌다. 경기를 앞둔 첼시에 악재가
많았다. 이미 UEFA 슈퍼컵과 클럽 월드컵 일정을
소화하면서 선수들의 체력이 떨어져 있었고 자국
컵대회마저 결승까지 생존했기 때문에 지친 상태에서도
살인적인 일정을 소화해야 했다.

게다가 러시아-우크라이나 전쟁의 여파로 첼시 구단주
로만의 자금이 러시아 전쟁 자금 지원에 쓰인다는 의혹이

제기되며 로만의 영국 내 지출 활동이 모두 제재받았다. 로만 소유의 첼시도 홈 경기 티켓 판매, 선수 재계약 협상, 원정 이동 비용 처리 등에 대한 제재가 따라왔다. 여기에 공격진의 아쉬운 득점력, 센터백과 미드필드 쪽에 집중된 부상 등으로 위기를 겪고 있었다. 다행히 FA컵 결승 직전에 미국인 사업가 토드 볼리가 첼시의 새로운 구단주로 떠오르면서 분위기가 다시 올라오려던 시점이었다.

리버풀은 부상으로 빠진 파비뉴의 공백을 조던 헨더슨이 대신한 채 첼시와의 FA컵 결승에 임했다. 반면 첼시는 경기 전 몸이 안 좋다는 이유로 당일 명단 제외를 요청한 크리스텐센이 결장했고 이로 인해 잔부상이 있던 티아구 실바가 무리해서 경기에 선발로 출전했다.

훗날 크리스텐센의 부상 호소는 거짓말이었던 것으로 드러나 많은 비난이 쏟아지고 있다. 한편 부상 의심 단계에 있던 조르지뉴와 코바치치가 메디컬 팀의 승인을 얻어 이날 경기에 선발로 기용됐다.

양 팀은 한 시즌 동안 네 번이나 맞대결을 가졌다. 이미 서로에 대해 너무나도 잘 알고 있었기 때문에 신중한 태도를 보였다. 두 팀은 가급적 상대 진영으로 롱볼을 뿌리며 상대 진영으로 넘어갔다. 괜히 미드필더를 거쳤다가 실수가 나오면 역습을 허용할 수 있기 때문에 실수를 줄이고자 하는 의도였다. 시간이 지나자 서서히 기세를 더 가져온 쪽은 리버풀이었다. 리버풀은 롱볼 투입과 동시에 좌우 풀백의 전진을 과감히 주문했고 압박 기준점도 서서히 높게 가져가며 첼시보다 경기에 대한 적극성을 띠었다.

최전방 공격수지만 가짜 9번의 역할을 맡은 마네의 경기 내용도 좋았다. 마네는 하프라인까지 내려오며 첼시의 수비와 미드필더를 잡아당겼고 그럴 때 발생하는 공간을 동료들이 유려하게 활용하면서 팀 공격이 풀렸다. 반면 첼시는 리버풀의 압박을 받을 때 후방에서 실수를 범하며 전반전 기세 싸움에서 밀리고 있었다.

살라는 오른쪽 윙포워드로 출전해 터치라인을 따라 넓게 배치됐다. 첼시는 왼쪽 스토퍼 뤼디거와 왼쪽 윙백 알론소의 협력 수비로 살라를 고립시키려 했다. 하지만 카라바오컵 결승 때 이미 해당 전술에 당했던 리버풀은 이에 대한 대응책을 준비했다. 오히려 살라에게 뤼디거와 알론소를 끌어당기는 미끼 역할을 주었고, 이때 발생하는 공간을 오른쪽 중앙 미드필더 케이타와 풀백 아놀드, 수비형

미드필더 헨더슨이 활용하도록 주문했다. 그리고 살라를
따라 첼시의 수비가 왼쪽으로 쏠려있으니 오른쪽에서
반대편에 있는 왼쪽 풀백 로버트슨과 윙포워드 디아스를
향한 전환 패스를 자주 시도할 것을 지시했다.

클럽의 전략은 제대로 먹혔다. 실제로 첼시 수비가 살라를
견제하려 할 때마다 리버풀은 중앙과 왼쪽 측면에 나오는
공간을 활용해 첼시 수비를 공략했다. 리버풀은 오른쪽에서
왼쪽으로 빠른 전환 후 로버트슨의 오버래핑과 루이스
디아스의 드리블을 활용해 왼쪽에서 기회를 만들었다.

첼시가 좌우 수비를 모두 신경 쓸 땐 중앙에서 공간이
나왔다. 비록 나비 케이타의 경기력은 미미했지만, 아놀드와
마네가 오른쪽 하프 스페이스 및 중앙 공략에 나서며 살라가
만들어 준 공간을 제대로 활용했다. 리버풀은 전반 초반부터
여러 차례 기회를 잡았지만, 득점에는 실패했다.

바로 그때 리버풀에 예상치 못 한 변수가 발생했다.
오른쪽에서의 미끼 움직임으로 전술의 핵심 역할을
담당하던 살라가 전반 33분 만에 부상으로 쓰러진 것이다.
클럽 감독은 더 큰 부상에 대한 예방 차원에서 살라를
빼주기로 했고 조타가 대신 투입됐다. 조타가 나오면서
리버풀의 공격은 답답해졌다. 상대를 한 쪽으로 끌어당기며
공간을 만들어줬던 살라의 움직임을 조타는 따라 하지
못했기 때문이다. 자연스럽게 리버풀의 기회 창출 횟수는
줄어들었고 첼시가 역습을 통해 전반전 막판에 위협적인
기회를 만들었다.

후반에는 첼시가 승부수를 띄웠다. 롱볼을 줄이고 본래의
스타일인 좌우 측면 위주의 공격을 시도했다. 압박 기준점도
높이면서 경기를 지배하려는 의도를 보여줬다. 반면
리버풀은 살라의 빈자리를 메우지 못한 채 첼시에게 공격
주도권을 뺏기고 말았다. 그러나 크리스챤 풀리식이 유독
기회를 날려버리며 득점에는 실패했다. 반면 리버풀은
후반 중반에 나비 케이타 대신 제임스 밀너를 투입하며
중원 경쟁력을 강화했고 분위기를 회복했다.

90분 동안 흐름을 주고받은 양 팀은 결국 0-0 무승부로
정규 시간을 마쳤다. 연장 준비 중에는 또 하나의 변수가
발생했는데 주전 수비수 반다이크가 부상을 호소하며
교체 아웃된 것이다. 연장 30분 동안 지칠 대로 지친 양 팀은
정규 시간만큼의 공격을 보여주지 못했고 경기는
승부차기로 이어졌다. 리버풀은 마운트의 페널티킥을 막은
알리송의 활약으로 승부차기에서 6-5로 승리했다.
리버풀은 2005-06시즌 웨스트햄을 꺾고 우승한 지

16년 만에 FA컵 트로피를 들어 올렸다. 리버풀 구단 통산
8번째 우승이었다. 클럽 감독은 카라바오컵에 이어 자국
컵대회 더블을 달성했다. 리버풀엔 조심스럽게 쿼드러플의
가능성도 제기됐다. 쿼드러플은 단일 시즌에 참가한 4개
대회를 모두 우승하는 것을 뜻한다. 리그는 여전히 맨시티와
선두 경쟁이 한창이었고, 챔피언스리그에서도 비야레알을
꺾고 결승에 오른 상태였다. 리버풀의 쿼드러플이 가능할 수
있다는 예상들이 언론을 통해서 나왔다. 그러기 위해선
우선 리그에서 맨시티와의 경쟁을 이겨내는 것이 중요했다.

리그 득점왕 경쟁과 우승 레이스

한 때 11점 차까지 벌어졌던 리버풀과 맨시티의 승점 차가
후반기에 좁혀졌다. 리버풀은 22라운드 브렌트포드전부터
35라운드 뉴캐슬전까지 리그 14경기에서 13승 1무의
성적을 거뒀다. 중간에 맨시티 원정에서 2-2 무승부에
그친 것이 아쉬웠지만, 이외에는 대단한 성적이었다. 반면

맨시티는 후반기에 사우스햄튼전 무, 토트넘전 패, 팰리스전 무의 결과로 타격을 입었다. 리버풀의 추격에 시달려야 했고 두 팀의 승점 차는 결국 1점까지 좁혀졌다.

득점왕 경쟁도 흥미로웠다. 살라가 전체 대회 14경기 중 1득점에 그치는 동안 득점 2위의 손흥민이 꾸준히 득점포를 가동한 것이다. 리버풀과 토트넘의 리그 36라운드 맞대결에서도 손흥민은 안 필드에서 득점에 성공했다. 경기는 74분에 터진 루이스 디아스의 동점골로 1-1 무승부로 끝났지만, 이 결과 때문에 살라와 손흥민의 득점은 2골 차, 리버풀과 맨시티의 승점 차는 3점 차로 벌어졌다. 득점왕 경쟁에 나서는 살라에게도, 우승 경쟁에 나서는 리버풀에도 뼈아픈 결과였다.

살라는 33라운드 빌라전에서도 71분 교체 투입 후 무득점에 그쳤다. 반면 북런던 더비에서 손흥민이 골을 기록하며 득점 1, 2위 간의 골 차이는 1골 차로 좁혀졌다. 리버풀은 다행히 빌라 원정에서 2-1 역전승을 거뒀다. 살라는 그 주 주말에 펼쳐진 첼시와의 FA컵 결승전에서 부상을 당했다. 다행히

예방 차원의 교체였지만, 37라운드 사우스햄튼전 결장이 불가피했다. 사우스햄튼전 승리가 꼭 필요한 리버풀 입장에서도, 손흥민에게 1골 차로 추격당하고 있던 살라 입장에서도 뼈아픈 타이밍의 부상이었다.

사우스햄튼과의 경기가 있기 이틀 전에 맨시티가 웨스트햄 원정에서 2-2 무승부에 그쳤다. 리버풀이 사우스햄튼전을 이기면 최종전까지 리그 우승 경쟁을 끌고 갈 수 있었다. 만약 리버풀이 37라운드 사우스햄튼전과 38라운드 울버햄튼전을 모두 승리하고 맨시티가 스티븐 제라드의 아스톤 빌라를 상대로 이기지 못한다면 리버풀이 역전 우승에 성공한다. 이 시나리오를 위해서는 살라 없이도 사우스햄튼전을 이기는 것이 필요했다.

하지만 전반 13분 만에 역습 상황에서 네이선 레드먼드에게 선제 실점을 허용했다. 리버풀은 일주일 전 빌라전처럼 다시 한번 역전승을 노렸다. 다행히 14분 뒤 미나미노 타쿠미가 동점골을 넣었고, 후반 67분에는 세트피스에서 마팁의 헤더골이 나오며 2-1로 승리했다. 리버풀과

맨시티의 승점 차는 다시 1점으로 좁혀졌다.

살라는 리그 38라운드 울버햄튼전을 앞두고 풀 트레이닝에 복귀했다. 하지만 선발 명단엔 이름을 올리지 못했다. 살라는 후보 명단에 머물렀지만, 득점왕 경쟁자인 손흥민은 최종전 노리치 원정에서 선발로 나섰다. 토트넘은 노리치전을 이겨야 다음 시즌 챔피언스리그 진출이 가능했다. 반면 상대 팀 노리치는 강등 확정 후 별다른 동기 부여가 없는 상태였다. 손흥민이 노리치를 상대로 득점할 가능성은 충분해 보였다.

하지만 살라는 선발이 아니었다. 1골 차이기 때문에 38라운드에서 손흥민이 살라의 득점수를 역전할 가능성도 있어 우려스러웠다. 리버풀 입장에서는 울버햄튼전을 반드시 승리하고, 빌라가 맨시티의 발목을 잡아주며, 후반에 교체 투입된 살라가 골을 기록해야 리그 1위와 득점 1위의 동시에 만들어질 듯 보였다.

그래서 실시간으로 리버풀, 맨시티, 토트넘의 경기 상황을 체크해봐야 했다. 일단 리버풀은 경기 시작 3분 만에 울버햄튼의 공격수 페드로 네투에게 실점을 허용했다. 반다이크의 부상으로 대신 나온 코나테가 공중볼 처리

실수를 범한 게 치명적이었다. 마네가 24분 만에 동점골을 넣으며 경기는 1−1로 균형이 맞춰졌다. 반드시 이기고 맨시티-빌라 경기의 결과를 봐야 하는 리버풀 입장에서는 아직 한 골이 더 필요했다.

반면 맨시티는 전반 37분 빌라의 풀백 매티 캐시에게 선제 실점을 내주며 0−1로 끌려갔다. 하지만 리버풀이 아직 울버햄튼을 상대로 앞서고 있지 못해 실시간 순위는 여전히 맨시티가 1위를 달리고 있었다. 두 팀 간 승점은 동률이지만, 골득실에서 맨시티가 리버풀보다 크게 앞섰기 때문이다.

후반 69분 빌라의 쿠티뉴가 추가골을 득점해 빌라가 2−0으로 앞서갔다. 하지만 리버풀은 이때까지도 울버햄튼에 앞서가지 못해 실시간 순위가 2위에 머물렀다.

한 골이 절실히 필요한 상황에서 살라는 후반 58분 조타를 대신해 교체 투입됐다. 손흥민은 노리치전에 선발 출전했지만, 아직 골이 없는 상태였다. 손흥민보다 한 골이 많은 살라는 이대로만 끝나도 단독 득점왕이 가능한 상태였다. 그런데 후반 70분에 손흥민의 리그 22호 골이 들어갔다. 살라와 손흥민은 득점 순위 공동 1위로 올라섰다. 하지만 5분 만에 손흥민이 리그 23호 골을 넣으면서 살라는

득점 2위로 밀려나고 말았다.

맨시티는 빌라에 0-2로 지고 있는데, 리버풀은 울버햄튼과 1-1 무승부에 머물러 1위를 탈환하지 못했다. 그 사이에 손흥민은 두 골을 넣어 살라의 득점수를 추월했다. 리버풀은 이기기 위해 한 골이 필요했다. 살라도 득점왕을 차지하기 위해 한 골이 절실했다. 리버풀이 매우 바빠진 시점에 맨시티의 에티하드 스타디움에서 비보가 전해졌다. 맨시티가 76분, 78분, 81분에 연달아 세 골을 넣어 빌라에 3-2로 역전한 것이다. 리버풀이 울버햄튼전을 이기더라도 맨시티가 이대로 경기를 끝내면 2위에 머무르게 된다. 안 필드의 팬들은 실망한 표정을 감추지 못했다.

그래도 살라의 득점왕 가능성이 아직 남아있었다. 한 골만 더 넣으면 됐다. 다행히 후반 84분 코너킥 후 수비와 공격의 혼전 상황에서 흘러나온 공을 살라가 욱여넣어 리그 23호 골을 기록했다. 살라와 손흥민의 득점수는 동률이었다. 이대로면 공동 득점왕이 가능했다. 2-1로 리드를 잡은 리버풀은 89분에 터진 앤디 로버트슨의 추가골로 3-1로 승리했지만, 맨시티도 빌라에 3-2로 승리했다. 리버풀은 리그 2위에 머무르며 승점 1점 차 준우승에 그쳤다.

살라는 리그 32경기 23골 1도움을 기록하며 득점왕과 도움왕을 동시에 석권했다. 2017-18시즌, 2018-19시즌에 이어 자신의 프리미어리그 세 번째 득점왕 타이틀을 따냈다. 이전 시즌 해리 케인에 이어 역대 네 번째로 득점왕과 도움왕을 동시에 석권했다. 중간에 네이션스컵으로 빠진 리그 경기가 두 경기나 있었고 그 여파로 후반기에 득점력이 떨어졌던 시기가 있었음을 생각하면 대단한 시즌이었다. 살라는 PFA 올해의 선수상, FWA 올해의 선수상을 받으며 활약을 인정받았다. 프리미어리그 최고의 선수로 인정받은 것이다.

결승에서 다시 만난 레알 마드리드

비야레알과의 준결승 1, 2차전을 마치고 결승 진출을 확정하자 살라는 '결승 상대팀으로 (레알과 맨시티 중) 어디를 원하냐'는 질문에 "레알 마드리드"라고 답했다. 그러면서 "4년 전 결승 전에 대해 복수를 하고 싶다"고 그 이유를 밝혔다. 4년 전 결승에서 리버풀은 레알 마드리드에 1-3으로 패했다. 살라는 전반 31분 세르히오 라모스와의

경합 도중 어깨 부상을 당해 조기에 교체됐다. 살라는 이 여파로 팀을 챔피언스리그 우승으로 이끌지 못했고, 러시아 월드컵도 정상 컨디션으로 소화하지 못해, 이집트는 조별리그 3전 전패의 성적으로 월드컵을 마쳐야 했다. 결과론적인 이야기지만, 레알과의 결승전이 좋지 않게 끝나면서 이후의 상황까지 꼬이고 말았다.

살라는 레알이 올라온다면 꼭 이기겠다고 복수를 다짐했다. 다음 날, 레알은 맨시티를 상대로 연장까지 가는 혈투 끝에 결승에 진출했다. 레알의 감독 카를로 안첼로티는 챔피언스리그만 3번을 우승한 명장으로, 결승에는 그동안 4번이나 진출했고 단 한 번만 준우승에 그쳤다. 유일한 준우승이 2004-05시즌 리버풀에 당한 패배였다.

당시 안첼로티의 밀란은 전반을 3-0으로 앞선 채 마쳤지만, 후반에 3골을 내주며 3-3으로 따라잡혔고 승부차기 끝에 패했다. 안첼로티 입장에서는 '이스탄불의 참사'였다. 레알은 라리가 우승을 조기에 확정한 뒤 5월에 예정된 리그 일정의 대부분을 무리하지 않는 선에서 소화했다. 주전 선수들의 체력적인 비축이 가능했다. 반면 리버풀은 연이은 주중, 주말 리그 일정에 이어 FA컵 결승전까지 연장 120분의 혈투를 치렀다.

리그 최종전까지 우승 가능성을 남겨두고 있었기 때문에 주전들 대부분이 쉬지 않고 38라운드까지 총력을 기울였다. 체력적으로 불리한 위치에 놓인 셈이다. 게다가 울버햄튼전에서 주전 미드필더 티아고가 부상으로 빠졌고, 반다이크와 파비뉴는 부상 복귀 후 경기 자체를 뛰지 못했다. 라인업의 구성부터 선수들의 컨디션까지 걱정이 될 수밖에 없었다.

다행히 부상 리스크가 있던 반다이크와 파비뉴, 티아고가 모두 선발 명단에 이름을 올렸다. 살라도 울버햄튼전과 다르게 선발 명단에 복귀했다. 걱정했던 라인업은 일단 정예 멤버들이 모두 출전했다. 하지만 컨디션에 대한 우려는 현실이 되고 말았다. 이날 리버풀의 왼쪽 라인은 유독 부진했다. 왼쪽 풀백 로버트슨은 그간의 혹사 때문에 5월 내내 이어진 부진을 극복하지 못했다. 루이스 디아스는 상대 오른쪽 풀백 다니 카르바할의 노련한 1대 1 수비에 막혀 고전했다. 오른쪽 풀백 아놀드의 상황도 좋지 못했다. 경기 내내 킥이 좋지 못했고 실점 장면에서 비니시우스를 놓쳤다.

승부를 가른 결정적인 요인은 레알의 골키퍼 티보 쿠르투아의 신들린 선방이었다. 쿠르투아는 결승전 한 경기에서만 9개의 선방을 기록했다. 살라는 슈팅 시도 7회, 유효 슈팅 6회를 기록하며 활발하게 레알의 골문을 노렸는데 그때마다 쿠르투아에게 막혀 득점에 실패했다. 리버풀은 경기 내내 공격을 두들겼고 찬스도 많이 만들었지만, 쿠르투아를 뚫지 못했다. 결국 후반전에 비니시우스에게 실점을 허용하며 0-1로 패했다. 쿠르투아의 선방 장면 중 한 골이라도 들어갔더라면 경기 양상은 바뀔 수 있었을 것이다. 후반 81분 살라는 오른발 슛마저 막히자 땅을 치며 안타까워했다.

살라는 4년 전의 복수에 실패했다. 준우승에 그쳐 아쉬움을 삼켰다. 2022년에만 아프리카 네이션스컵, 프리미어리그에 이어 챔피언스리그까지 세 번의 준우승을 경험했다. 게다가 월드컵 본선 진출까지 실패했다. 하지만, 이뤄낸 업적도 많았다. 개인 통산 세 번째 프리미어리그 득점왕을 차지했고 자국 컵 대회 더블에 기여했다. 프리미어리그 최고의 선수임을 입증하는 개인 타이틀까지 획득하며 멋진 시즌을 마무리했다. 시즌 종료 후 살라는 2025년까지 주급 35만 파운드(5억 5천만 원)를 받는 조건으로 리버풀과 재계약을 체결했다. 그는 또 다른 승리와 성공, 우승을 위해 리버풀에서의 2022-23시즌을 준비하고 있다.

클롭은
어떻게

붉은 제국을
만들었나

분데스리가 2회 우승에 DFB 포칼 1회 우승, 2012-13 UEFA 챔피언스리그 준우승까지. 한때 중하위권까지 추락한 도르트문트를 정상의 자리로 올려놓은 클롭 감독의 가치는 나날이 오르고 있었다. 비록 도르트문트에서의 마지막 시즌이었던 2014-15시즌엔 7위를 기록하며 부진을 면치 못했지만, 모두가 명장 후보 클롭 감독의 다음 행선지를 기대하며 지켜보고 있었다.

클롭 감독은 자신의 다음 행선지로 리버풀을 골랐다. 리버풀은 2013-14시즌 프리미어리그 2위의 성적을 거뒀던 걸 제외하면 6년 넘게 암흑기에 빠져 있던 팀이었다. 70~80년대 챔피언스리그 트로피를 들며 유럽 축구를 제패했던 붉은 제국의 모습은 온데간데없었다. 클롭 부임 전까지 브렌던 로저스 감독의 팀은 애매한 모습을 보였고 수아레즈가 떠난 2014-15시즌부터는 이적시장 영입 수완도 좋지 않았다. 팀은 6~8위권을 벗어나지 못했다. 그런데도 클롭 감독은 위기에 놓인 리버풀에 부임하기로 했다. 자신이 부임해 팀을 다시 일으켜 세울 수 있다는 자신감이 있었기 때문이다. 처음엔 의심의 시선이 많았다. 도르트문트에서 성공 신화를 쓴 클롭 감독도 리버풀에서는 어려움을 겪을 거란 예상이 따라왔다. 하지만 클롭 감독은 자신의 선택이 옳았음을 증명했다. 클롭 감독은 리버풀에 위대한 성공을 안겼고 모든 것을 발전시켰다.

클롭 감독은 리버풀 부임 직후 팬들에게 "의심의 시선을 신뢰로 바꿔달라"고 부탁했다. 결국 그는 팬들의 신뢰에 보답했다. 그렇다면 리버풀은 어떻게 최고의 팀이 됐을까? 클롭 감독은 어떻게 리버풀을 지금의 위치까지 올려놓았을까?

체계적으로 진행된 ——————— 스쿼드 보강

위르겐 클롭 부임 후 리버풀은 시즌마다 핵심 선수들을 차례차례 보강했다. 이 과정에서는 클롭 감독 못지않게 스포츠 디렉터 마이클 에드워즈의 역할이 컸다. 클롭 감독은 스카우트 명단 구성, 협상 진행 등에 관해 전문가인 에드워즈를 강력히 신뢰했다. 에드워즈는 이적시장이 열릴 때마다 클롭 감독과 충분한 논의를 거쳐 최대한 감독의 의중을 반영하기 위해 힘썼다. 이들은 서로 시너지를 내며 리버풀의 구단 리빌딩을 이끌었다.

클롭 감독이 오기 전까지 리버풀의 선수 영입 과정은 비효율적이었다. 리버풀 보드진에는 FSG가 꾸린 이적위원회가 구성되어 있었는데, 이적시장마다 감독과 이적위원회간의 불협화음이 잦았다. 감독이 원하는 영입 명단을 추려서 제출하면 이적위원회는 '생각했던 선수가 아니다, 예산이 부족하다, 팀에 맞지 않는다' 등의 이유를 들며 다른 선수를 추천했다. 결국 감독의 영입 명단과 이적위원회의 영입 명단이 엇갈린 채 리버풀은 한 타이밍 늦게, 애매한 선수 영입에 뛰어들 수밖에 없었다. 2015년 여름, 로저스 감독의 리버풀은 호베르투 피르미누와 크리스티안 벤테케를 영입했지만, 이들은 영입 직후 성과를 내지 못했다. 피르미누는 로저스 감독이 어떻게 쓸지에 대한 감조차 잡지 못했다. 로저스 감독은 중앙에서 내려와 주는 움직

임과 연계가 좋은 피르미누를 윙포워드에 배치하며 측면에서만 제한적으로 뛰게 했고, 출전 기회도 대부분 교체 투입으로만 부여했다. 크리스티안 벤테케는 리버풀과 맞지 않는 유형의 선수였다. 감독과 이적위원회 간의 불협화음은 팀 전력을 악화시키는 원인이 됐다.

하지만 클롭 감독과 에드워즈는 정기적으로 같은 공간에서 미팅을 가지며 소통했다. 이적시장에 대한 계획도 같이 세웠다. 클롭은 에드워즈의 의견과 협상 진행을 전적으로 신뢰했는데, 자신은 디렉터와 충분한 논의만 할 수 있다면 된다는 입장이었다. 클롭 감독과의 논의를 마친 에드워즈는 자신이 맡은 이적시장의 중대한 업무를 차근차근 수행하였다.

리버풀은 클롭 부임 후 알찬 영입을 이어갔다. 추후 코칭을 통해 보석이 될 수 있는 원석들을 찾아 나섰다. 챔피언십으로 강등된 팀의 알짜배기 선수도 상대적으로 저렴하게 영입했다. 그러면서도 스쿼드를 업그레이드시킬 핵심 선수 보강에 대해서는 돈을 아끼지 않고 거액을 쏟아붓기도 했다. 반다이크와 알리송, 파비뉴의 영입이 그랬다. 이러한 영입은 클롭 감독이 도르트문트에 있던 시절에는 거의 없었던 일이다. 리버풀의 상황에 맞게, 그리고 에드워즈와의 논의를 거쳐 유연하게 결정을 내린 결과다. 이동안 있었던 어린 선수의 성장도 조명할 만하다. 유스팀에서 최고의 재능으로 평가받던 트렌트 알렉산더아놀드는 클롭 감독의 두 번째 시즌인 2016-17시즌부터 1군에 자리 잡아 주전 오른쪽 풀백으로 성장했다. 탁월한 선수 영입에 때마침 등장한 어린 선수의 성장까지 리버풀은 빠르게 전력을 강화했고 잉글랜드와 유럽의 강팀으로 자리매김했다.

끝내 리버풀은 2018-19시즌 6번째 UEFA 챔피언스리그 우승, 2019-20시즌엔 30년 만에 19번째 잉글랜드 프리미어리그 우승을 차지했다. 그 이전까지 클롭 감독은 리버풀에서 3번의 준우승을 경험했다. 하지만 처음 세 시즌 동안 클롭 감독이 무관에 그쳤는데도 리버풀 구단 내부에서는 어떠한 압력도 주지 않았다고 한다. 구단은 클롭을 전적으로 신뢰했고, 성장 방향에 대해서도 만족하고 있었다.

클롭이 보여준 ──────────── 선수단 장악 능력

클롭 감독은 선수들과 유쾌한 소통을 즐기는 편이며 원만한 팀 분위기를 형성하는 데에도 능력이 있는 인물이다. 그러면서도 선수단의 규율을 상당히 중요시하며 선수들은 클롭 감독 아래에서 반드시 넘지 말아야 할 선을 지켜야 한다. 이중 대표적인 게 훈련장 규정이다. 클롭 감독은 늘 훈련장을 신성하게 여긴다. 그래서 선수와 코치 등 훈련에 직접적으로 참여하는 인원을 제외한 누구도 입장을 허용하지 않는다. 선수의 가족도 훈련장에 들어오는 것은 금지되어 있다.

훈련장 내부 흡연도 금지되어 있는데, 이에 대해선 감독인 클롭부터 솔선수범하는 모습을 보여준다. 클롭 감독은 대단한 애연가다. 흡연가치고는 너무 하얀 치아 때문에 그의 흡연 사실을 믿지 않을 수 있지만, 하얀 치아는 만능 치과 의사 '로비 휴즈'의 진료 덕이고 실제로는 하루에도 많은 흡연을 즐긴다. 하지만 훈련장 내부 흡연 금지 조항이 있기 때문에 클롭은 훈련장 뒤편 1층 발코니까지 넘어가서 담배를 피운다. 감독부터 규율을 지키니 선수단도 해당 규율을 따를 수밖에 없다.

그러면서 보여주는 적당한 융통성이 클롭 감독의 선수 장악을 돕는 무기다. 처음 잉글랜드에 왔을 때 클롭은 선수들의 휴식 시간을 줄이고 훈련에 대한 집중도를 키울 수 있는 강도 높은 훈련 프로그램을 계획했다. 이때는 다음 경기 킥 오프 시간에 맞춰 일찍 훈련을 진행했기 때문에 이른 아침에 훈련장에 와야 하는 경우도 많았다. 결국 자녀가 있는 축구 선수들 위주로 아이들 통학이 어려워진 것 등에 대한 애로 사항을 얘기하자 클롭은 선수단의 입장을 들어주며 훈련 일정을 조절했다. 선수단이 고생했다고 느꼈을 땐 융통성 있게 휴식을 부여하기도 한다. 2019년 12월, 리버풀은 클럽월드컵 일정을 마치고 26일에 리그 레스터전을 앞두고 있었다. 리버풀은 선두 경쟁 중이었고, 상승세인 레스터전 승리를 통해 맨시티와의 승점 차를 벌리는 것이 중요한 상황이었다. 하지만 클롭 감독은 경기 전날 크리스마스를 선수들이 모두 집에서 보낼 수 있도록 휴가를

졌다. 제력을 회복한 선수들은 돌아오고 지는 레스터전에서 기분 좋게 4-0으로 승리하며 좋은 결과를 냈다. 융통성과 관련된 일화는 또 있다. 슈루즈버리와의 FA컵 4라운드 재경기가 프리미어리그 사무국이 약속한 겨울 휴식기 주간에 잡히자 클럽 감독은 1군 선수들과 코치진, 심지어 본인에게까지 전원 휴가를 줬다. 클럽은 "프리미어리그 사무국은 분명 시즌 전에 이 기간에는 모두가 쉴 수 있다고 얘기했다"며 "우리는 예정대로 휴가를 취소하지 않고 그대로 즐기겠다"고 생각을 밝혔다. 해당 경기는 1군 전원이 빠진 사이에 U23 팀의 선수와 감독이 대신 진행했고 경기는 리버풀의 1-0 승리로 끝났다. 클럽 감독의 지도를 받은 센터백 데얀 로브렌은 감독에 대해 이런 말을 남겼다. "그는 당신의 친구지만, 당신의 가장 친한 친구는 아닙니다"

발전한 클럽의 ──────────────── 전술 유연성

클럽 감독은 도르트문트 시절 극도로 높은 라인과 강한 압박을 무기로 삼는 게겐 프레싱 전술을 고집했다. 실제로 도르트문트는 게겐 프레싱 전술을 통해 분데스리가 2연패에 성공했고 2012-13시즌에는 챔피언스리그에서 준우승을 차지하기도 했다. 하지만 2014-15시즌이 되자 게겐 프레싱 전술은 선수들의 체력 저하와 잦은 부상자 발생, 게겐 프레싱에 대한 대응 전술 등장의 문제 때문에 힘을 쓰지 못했다. 게겐 프레싱 전술이 한계를 드러냈다는 평가가 쏟아졌다.

클럽 감독은 리버풀에 부임한 뒤에도 초반에는 게겐 프레싱 전술을 입히고자 노력했다. 브랜던 로저스 체제에서 수비 간격 유지, 공격 전개에 애를 먹었던 리버풀은 클럽 감독 부임 후 경기력을 개선하며 클럽 감독이 원하는 팀 컬러를 완성했다. 클럽은 리버풀이 유럽 대항전 없이 리그 일정에 집중했던 2016-17시즌까지 이러한 전술 기조를 유지했다. 하지만 점점 병행하는 대회가 많아지고 게겐 프레싱 전술이 상대 밀집 수비에 막히는 일이 많아지자 전술적인 변화를 꾀했다. 게겐 프레싱 전술은 상대의 선수비 후역습 전술에 막혀 점점 한계를 드러내고 있었다. 리버풀은 2016-17시즌 후반기, 2017-18시즌 후반기에 약팀에 발목을 잡혀 위기를 겪은 바 있다. 이후 클럽 감독은 수비 라인과 압박 기준점을 내려 공수 밸런스를 우선하는 전술을 구사하며 2018-19시즌에 상승세를 탔다. 이 기간에 포메이션도 4-2-3-1, 4-3-3을 골고루 활용하는 등 유연한 운영을 펼쳤다.

리버풀은 상대 역습에 대한 효과적인 대비책을 마련하면서도 마누라 라인을 통한 한 방으로 빠르게 승점을 쌓았다. 결국 2018-19시즌 리그 30승, 2019-20시즌 32승을 챙기며 매 시즌 리그 우승 후보로 도약했다. 수비진이 줄부상당한 2020-21시즌에는 일부러 수비 라인을 아래로 내려 위기에 대응하는 모습을 보여줬다. 스쿼드가 정상적인 상태로 돌아온 2021-22시즌에는 중원의 영향력을 키운 공격 전술을 시도해 빠르게 승점을 획득하며 리그에서 상승세를 탔다. 클럽의 전술 유연성은 이전보다 발전했다. 리버풀은 이러한 과정을 거쳐 2020년대 붉은 제국의 시대를 보내고 있다.

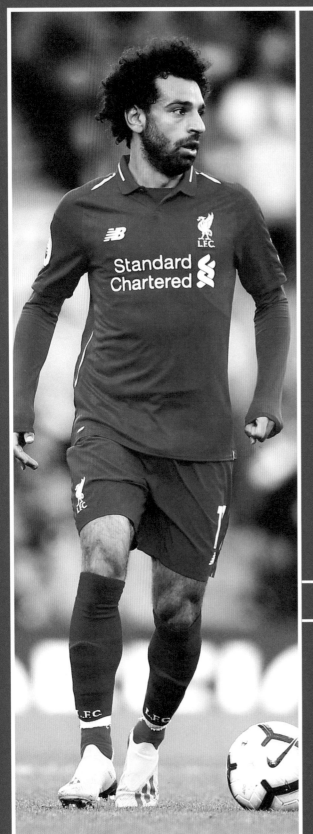

Premier League

19

FA Cup

8

Champions League

6

Super Cup

1

Club World Cup

1

리버풀 FC

창단	1892년 6월 3일
별칭	The Reds
소속	잉글랜드 프리미어리그
디비전	vs 머지사이드 더비 ⚽
	vs 노스트웨스트 더비 ◉
홈구장	안 필드
	[수용인원 : 53,394명]
연고지	리버풀
구단주	펜웨이 스포츠 그룹
회장	톰 워너
감독	위르겐 클롭

You'll Never Walk Alone
Allez, Allez, Allez

리버풀 응원가

LIVERPOOL

FOOTBALL CLUB

골든부트

Sam Raybould 샘 레이볼드 *1902-03*
Jack Parkinson 잭 파킨슨 *1909-10*
Ian Rush 이안 러시 *1983-84*
John Aldridge 존 올드리지 *1987-88*
Michael Owen 마이클 오언 *1997-98,1998-99*
Luis Suarez 루이스 수아레스 *2013-14*
Mohamed Salah 모하메드 살라 *2017-18, 2018-19, 2021-22*
Sadio Mane 사디오 마네 *2018-19*

레전드

Kenny Dalglish 케니 달글리시 *No.7*
Steven Gerrard 스티븐 제라드 *No.8*
John Barnes 존 반스 *No.10*
Ian Rush 이안 러시 *No.9*
Phil Neal 필 닐 *No.2*
Ian Callaghan 이안 캘러한 *No.7*
Billy Liddell 빌리 리델 *No.7*
Bill Shankly 빌 샹클리 *Coach*
Bob Paisley 밥 페이즐리 *Coach*
Joe Fagan 조 페이건 *Coach*

PRAISES FOR SALAH

살라의 전성기는 아직 오지 않았다고 확신한다.
놀라운 일이다.
그의 첫 다섯 시즌은 전설적인 수준이었다.
위르겐 클롭

살라는 굉장히 훌륭한 선수다.
로마에 있을 때부터 엄청난 경기력을 보여줬다.
다른 팀 선수에 대해 말을 아끼는 편이지만 살라는 예외다.
지네딘

살라는 시즌 내내 자신이 환상적인 선수라는 것을 증명한다.
살라의 득점수가 이를 보여준다.
네마냐 비디치

나는 득점 감각은 타고나는 것이라고 생각했지만,
살라를 보면서 꼭 그런 건 아니라는 것을 알게 됐다.
살라가 지금 수준의 활약을 몇 년 더 보여준다면
우리는 훗날 살라를 축구 역사상 가장 위대한 선수 중
하나로 기억하게 될 것이다.

솔직히 월드클래스가 된 살라의 활약이 놀랍지는 않다.
그는 예전부터 재능이 뛰어난 선수였기 때문이다.
디디에 드록바

리버풀은 살라에 대한 의존도가 너무 높다.
피터 크라우치

살라는 현재 세계 최고의 골잡이이며 최고 선수다.
이 작은 마법사는 세계 최고의 리그에서 제 역할을 다하고 있다.
매주 마법을 부리고 있다.
앨런 시어러

EPILOGUE

살라, 계속 나아갈수 있을까?
Walk on, walk on Salah

1992년생. 만 나이 30. 한국 나이로는 32. 살라의 나이도 어느덧 팀 내 베테랑에 접어들었다. 빠른 발을 가진 선수는 이 나이대에 기량 저하에 대한 우려를 받는 일이 많다. 속도가 빠른 선수들은 그만큼 자기 신체 능력이 떨어지기 시작했을 때 속도 저하로 인한 타격을 제대로 받는 경우가 많기 때문이다. 실제로 살라의 플레이 중 빠른 발의 강점은 적지 않은 비중을 차지한다. 나이로 인한 속도 저하가 왔을 때 살라의 플레이가 걱정스럽다는 반응은 지극히 나올 만하다.

하지만 살라는 빠른 발에만 강점이 있는 선수가 아니다. 신체 능력 저하로 인해 속도가 느려져 플레이에 타격을 입는 선수들은 대부분 빠른 발에만 장점이 특화된 경우가 많다. 살라는 빠른 발 외에도 기술적인 부분, 지능적인 부분에서 다양한 장점을 가지고 있는 선수다. 일단 체형이 두껍고 무게 중심이 낮아 속도전을 펼치지 않는 상황에서도 버티거나 붙어주는 플레이가 가능한 게 특징이다. 속도를 낼 만한 공간이 없는 상황에서도 살라는 자신의 경합 능력을 활용해 상대를 등진 상태에서 볼 간수와 연계를 즐긴다.

기술적인 역량도 훌륭하다. 좋은 터치와 드리블, 왼발 킥 능력을 지녔다. 그래서 살라는 볼을 갖고 있을 때 속도에만 의지하는 유형과는 거리가 있다. 특히 살라는 드리블 상황에서 잔발 스텝을 활용해 볼을 짧은 시간 여러 번 터치하여 상대의 태클 타이밍을 뺏고 공을 자신의 소유로 확실히 가져가는 데 특화된 선수다. 하지만, 속도만 빨라 공간이 열리는 역습 상황에 특화된 선수들과 동일선상에 두기엔 플레이 스타일이 확연히 다른 편이다.

만약 신체 능력 저하로 인해 경합 능력과 스텝의 민첩성까지 떨어지는 상황이 온다고 해도 영리한 플레이를 통해 이를 만회하는 것이 가능하다. 살라가 꾸준히 스탯을 쌓는 비결은 영리한 오프 더 볼 움직임에 있다. 웬만한 골잡이 공격수보다도 골 냄새를 맡는 감각, 박스 안을 침투하는 솜씨가 뛰어나다. 최근에는 오른쪽으로 빠져 넓은 시야를 확보한 뒤 중앙이나 반대로 들어가는 동료에게 뿌려주는 패스의 퀄리티가 나날이 상승하고 있다. 영리한 움직임과 연계 능력까지 탑재한 살라의 경기 영향력은 매우 높은 편이다. 컨디션이 안 좋은 날에도

동료에게 공간을 만들어주는 미끼 움직임이 가능하기 때문에 살라의 활약은 나이와 관계없이 오랫동안 이어질 가능성이 크다. 단, 2021-22시즌 후반기처럼 체력적인 문제가 도드라지지 않도록 관리를 잘해줘야 하고, 기량 저하를 가져올 만한 큰 부상이 없어야 하는 것을 전제로 한다.

살라는 리버풀 소속으로 프리미어리그에서 120골을 넘게 득점했다. 이미 케니 달글리시가 세운 리버풀 소속 리그 골 (118골) 수를 넘기며 레전드의 여정을 밟아가고 있다. 스티븐 제라드가 가지고 있던 리버풀 소속 프리미어리그 최다 골 기록과도 이미 동률을 이룬 상태다(책이 나왔을 때쯤엔 살라가 단독 1위로 치고 올라갔을 가능성이 크다). 살라의 활약이 쭉 이어진다면 명문 구단 리버풀이 가지고 있는 다양한 개별 기록을 앞으로도 새롭게 쓸 수 있을 것이다. 살라는 여전히 나아가고 있다.

Mohamed
Salah

1ST PUBLISHED DATE 2022. 9. 16

AUTHOR Sunsoo Editors, Im Hyeongcheol
PUBLISHER Hong Jungwoo
PUBLISHING Brainstore

EDITOR Kim Daniel, Cha Jongmoon, Park Hyerim
DESIGNER Champloo, Lee Yeseul
MARKETER Yook Ran
PHOTO Getty Images
E-MAIL brainstore@chol.com
BLOG https://blog.naver.com/brain_store
FACEBOOK http://www.facebook.com/brainstorebooks
INSTAGRAM https://instagram.com/brainstore_publishing

ISBN 979-11-88073-97-9 (03690)

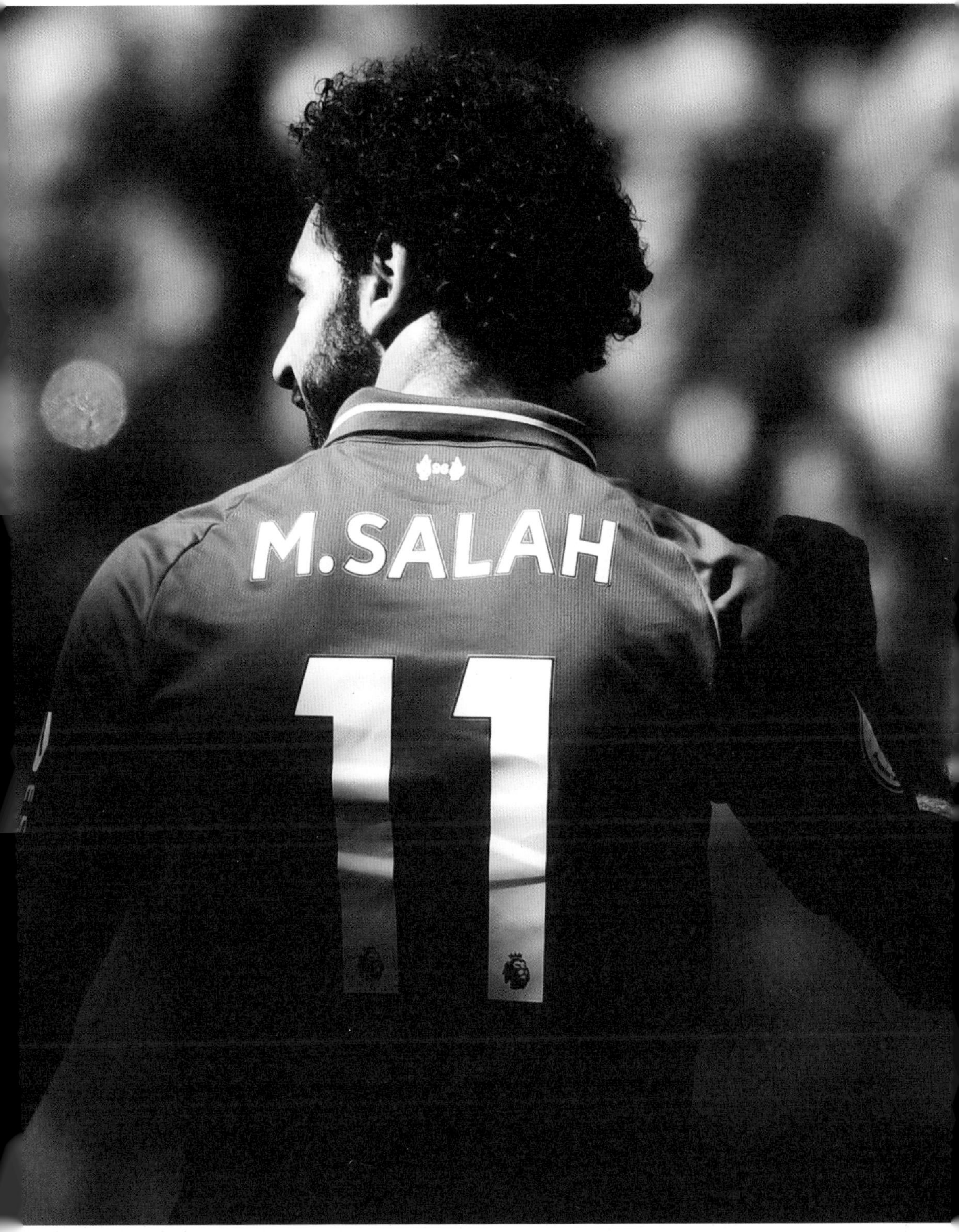
M.SALAH
11

#MOHAMED_SALAH

#MOSALAH

#LIVERPOOL_FC

#THE_REDS

#THE_KING

#THE_PHARAOH

#EGYPT_NO.10

#GOLDEN_BOOT_WINNER

#SPEED_STAR

#EGYPT_MESSI

#JURGEN_KLOPP

#NEVER_GIVE_UP

#WING_FORWARD

#FC_BASEL

#CHELSEA

#ACF_FIORENTINA

#AS_ROMA

#CHAMPIONS_LEAGUE_WINNER

#PRIMIER_LEAGUE_WINNER